# 紫砂壶

品鉴系列 PINJIAN XILIE

苏易 编著

中国商务出版社
CHINA COMMERCE AND TRADE PRESS

## 图书在版权编目（CIP）数据

紫砂壶 / 苏易编著 . -- 北京 : 中国商务出版社，2016.6

（品鉴系列）

ISBN 978-7-5103-1561-9

Ⅰ.①紫… Ⅱ.①苏… Ⅲ.①紫砂陶—陶瓷茶具—鉴赏—中国 Ⅳ.① K876.3

中国版本图书馆 CIP 数据核字 (2016) 第 153993 号

**紫砂壶**
ZISHAHU

苏易　编著

| 出　　　版： | 中国商务出版社 |
|---|---|
| 地　　　址： | 北京市东城区安定门外大街东后巷 28 号　　邮编：100710 |
| 责任部门： | 中国商务出版社　商务与文化事业部（010-64515151） |
| 总 发 行： | 中国商务出版社　商务与文化事业部（010-64226011） |
| 责任编辑： | 崔　笏 |
| 网　　　址： | http://www.cctpress.com |
| 邮　　　箱： | shangwuyuwenhua@126.com |
| 排　　　版： | 文贤阁 |
| 印　　　刷： | 北京市松源印刷有限公司 |
| 开　　　本： | 787 毫米 ×1092 毫米　1/16 |
| 印　　　张： | 15　　　　　　　　　　　字　　数：165 千字 |
| 版　　　次： | 2017 年 2 月第 1 版　　　　印　　次：2017 年 2 月第 1 次印刷 |
| 书　　　号： | ISBN 978-7-5103-1561-9 |
| 定　　　价： | 99.00 元 |

凡所购本版图书有印装质量问题，请与本社总编室联系（电话：010-64212247）。

版权所有　盗版必究　（盗版侵权举报可发邮件到本社邮箱：cctp@cctpress.com）

# 前 言

紫砂之名，色紫悦目，温润若玉，贵在有砂。看似砂砾起伏，抚之滑润若豆沙，细润者若孩童肌肤，其触觉之美，妙不可言。紫砂壶泡茶既不夺茶的真香，又无熟汤气，能较长时间保持茶叶的色、香、味。除此之外，紫砂茗壶的制作追求"古朴、含蓄、精巧、文雅"的美学趣味，造型古朴、气质独特。紫砂壶集多种优点于一身，备受世人青睐。

紫砂壶产于江苏宜兴，始于北宋，盛于明中期。紫砂壶具有良好的透气性和保味作用，是不可多得的好茶具，且有传热均匀、高温不裂的特性。紫砂壶用宜兴特产的紫砂泥、朱砂泥、本山绿泥制作。将紫砂泥经过粉碎、澄炼后，用独特的拍打成型和裁片镶接成型工艺制成泥坯，再制成多种多样的造型。

中国茶文化底蕴深厚，人们一直把饮茶作为一种放松身心的良好方式。泡一壶好茶离不开一套好的茶具，性能、造型俱佳的紫砂壶越来越受到人们的追捧。紫砂壶不仅是茶具中的宠儿，也是收藏家眼中的珍宝，近年来越来越多的人加入了紫砂壶的收藏队伍。紫砂壶的收藏需要注意很多问题，要想不上当就需要全面了解紫砂壶。鉴于此，我们编著了本书。本书讲述了紫砂壶的历史、泥料特征、制作工艺、选购技巧、收藏市场现状、收藏和保养技巧等内容，以便读者能够真正系统、全面地掌握紫砂壶的收藏和投资知识。在向广大读者展现中国紫砂文化博大精深的同时，我们也介绍了众多紫砂壶的鉴赏方法和技巧，使读者能够以图识壶。本书内容丰富、详略得当、装帧精美、图文并茂，是一本鉴赏、收藏和研究紫砂壶不可缺少的学习参考书。

由于编者水平有限，加之时间仓促，书中难免会有疏漏之处，敬请广大读者批评指正，以便再版时加以修正。

# 目录

**第一部分　入门篇 001**

第一章　茶具之王——紫砂壶概况 002
　　　　紫砂壶简介 002
　　　　紫砂壶的历史 006
　　　　紫砂壶缘何备受推崇 023

**第二部分　制作篇 029**

第二章　宜兴瑰宝——紫砂泥概况 030
　　　　紫砂泥料简介 030
　　　　紫砂泥的特性 038
　　　　紫砂壶原料的分类 046
　　　　紫砂泥的开采 053
　　　　紫砂泥料的加工配色 056

第三章　精益求精——紫砂壶的成型工艺 065
　　　　紫砂壶的制作工具 065
　　　　紫砂壶的成型过程 073
　　　　紫砂壶的焙烧 079

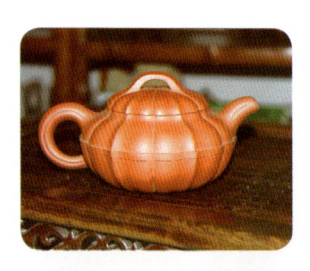

## 第四章　琳琅满目——紫砂壶的造型工艺　085

　　　　　紫砂壶的造型　085

　　　　　紫砂壶的构成　111

## 第五章　锦上添花——紫砂壶的装饰工艺　125

　　　　　精雕细塑，独具匠心　126

　　　　　宝石镶嵌，繁复描金　127

　　　　　本土调砂，金星点点　130

　　　　　绮丽泥绘，惟妙惟肖　132

　　　　　绞泥装饰，视觉冲击　134

　　　　　刻字刻画，格调高雅　135

　　　　　精巧镂空，富丽堂皇　138

　　　　　特殊装饰，别具一格　139

# 第三部分　选购收藏篇　145

## 第六章　指点迷津——行家选壶技巧　146

　　　　　明确选购目的　146

　　　　　选好壶从五点入手　155

　　　　　砍价有门道　180

## 第七章　拨云见日——紫砂壶收藏知识　189

　　　　　如何提高收藏能力　189

　　　　　收藏时如何能不看走眼　192

　　　　　独具慧眼，轻松辨别真伪　203

# 第四部分　赏玩养护篇　211

## 第八章　形色俱备——赏壶养壶乐趣多　212

　　　　　鉴赏紫砂壶优劣的五字诀　212

　　　　　以壶适茶，因茶选壶　219

　　　　　边用边养效果佳　227

# 第一部分 入门篇

紫砂壶

# 第一章
# 茶具之王——紫砂壶概况

## 紫砂壶简介

　　紫砂壶是中国汉族特有的手工制造陶土工艺品。紫砂壶的原产地是江苏宜兴丁蜀镇，采用当地特有的紫砂泥烧制而成。紫砂壶大多认为始于宋代，但也有一种说法，认为紫砂壶的创始人是中国明代的供春。紫砂壶将艺术性和实用性完美结合在一起，因而显得弥足珍贵，正所谓"人间珠宝何足取，岂如阳羡一丸泥"。

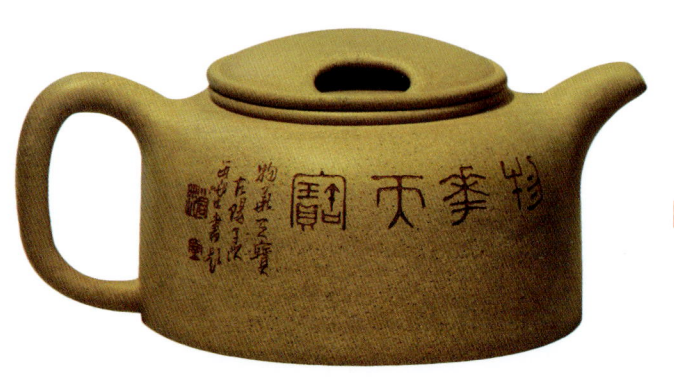

**牛盖莲子**
规格：550cc
材质：本山绿泥

**春色满园**

规格：350cc

材质：紫砂泥

　　制作紫砂器对工艺要求非常高，采用的泥料是一种产自江苏宜兴的具有特殊团粒结构并带有双重气孔的紫砂泥料。在紫砂器的制作过程中，使用的制作工具非常多，超过一百种。手工的制作工艺包括打泥片、拍打身筒（圆器）、镶接身筒（方器）或镶接与雕塑结合（花器）、表面修光、陶刻装饰等诸多步骤，唯有历经如此多的工序才能制造出一件令世人赞叹不已的紫砂壶。

宜兴紫砂泥种类众多，我们通常按照紫砂茶具的颜色进行区分。天然的紫砂泥包括红泥（又称朱砂泥）、紫泥、绿泥（呈米黄色）、段泥、调砂泥等。

虽然说紫砂壶的名字中带有一个"紫"字，但这并不是说紫砂壶就全部是紫色的。由于泥料颜色丰富，烧制出的紫砂壶自然也有颜色差异，再加上高温焙烧，最后出来的颜色可谓丰富多彩，包括朱砂红、枣红、紫铜、海棠红、铁灰铅、葵黄、墨绿、青兰等。紫砂壶虽然并不挂釉，但成品效果丝毫不逊色于上釉的容器，因为紫砂壶的色泽非常漂亮，而且丰富多样。一般情况下，朱砂紫、榴皮、豆青、海棠红、

**文人石瓢**

规格：180cc
材质：红皮龙

**茄段壶**

规格：550cc
材质：紫砂泥

闪色都属于自然原色，这类紫砂茶器的特点是质朴浑厚。紫砂壶除了多姿多彩的色泽外，其纯天然的质地和肌理也是受到人们推崇的一大原因，古典雅致的气质与中国茶文化相得益彰。至于紫砂茗壶的造型，那就更是令人眼花缭乱了，有风格朴实的，也有奇巧怪异的，总的来说，可以分为以下几类：几何型、自然型（花素器）、筋纹器、水平壶等。在紫砂茗壶的发展历程中，其造型也在不断发生着变化，每个时期所流行的造型都是不同的，艺术风尚更是具有鲜明的时代特色。

## 紫砂壶的历史

紫砂器具始于宋，盛于明清，并流传至今。在明代中叶以后，逐渐形成了集造型、诗词、书法、绘画、篆刻、雕塑于一体的紫砂艺术。

### 宋元时期——初出茅庐

按照国内的传统说法，紫砂器具最早起始于北宋时期。关于古人用紫砂壶饮茶的最早文献记录来自北宋文学家欧阳修的《和梅公仪尝茶诗》，诗中写道："喜共紫瓯吟且酌，羡君潇洒有余清。"另外，

**宫灯**

规格：400cc
材质：紫砂泥

**风韵**

规格：400cc

材质：紫砂泥

北宋仁宗时，进士梅尧臣《宛陵集》中的两首诗也有提到，其卷十五《依韵和杜相公谢蔡君谟寄茶》诗中写道"小石冷泉留早味，紫泥新品泛春华"；卷三十五《答宣城张主簿遗雅山茶次其韵》诗中有"雪贮双砂罂，诗琢无玉瑕"的描述。

　　有研究者认为，这些诗词中所说的"紫瓯""紫泥""砂罂"都是指宜兴紫砂。既然梅尧臣、欧阳修都是北宋诗人，那么这就能说明在此时期宜兴已有紫砂陶的制作了，而诗中称"新品"则意味着紫砂茶具流行于北宋文人墨客之中的时间并没有多久。

如果说上文提到的紫砂壶出现于北宋时期尚属于相关研究人员的猜想，那么考古学家的考察则明确证实了这一点。1976年，宜兴地区的羊角山古窑址发现了许多北宋中期的紫砂器残片，通过残片可以初步判定原器形类型主要为罐和壶两种，其中大部分为壶。壶的形制主要为高颈壶、矮颈壶、提梁壶三大类，通常为紫红色，里外都不挂釉。这些壶泥质较为粗糙，通过对造型和工艺手法的判断，可推断此为现代紫砂壶的雏形。

**葵仿古壶**

规格：300cc
材质：紫砂泥

**扁汉方韵**

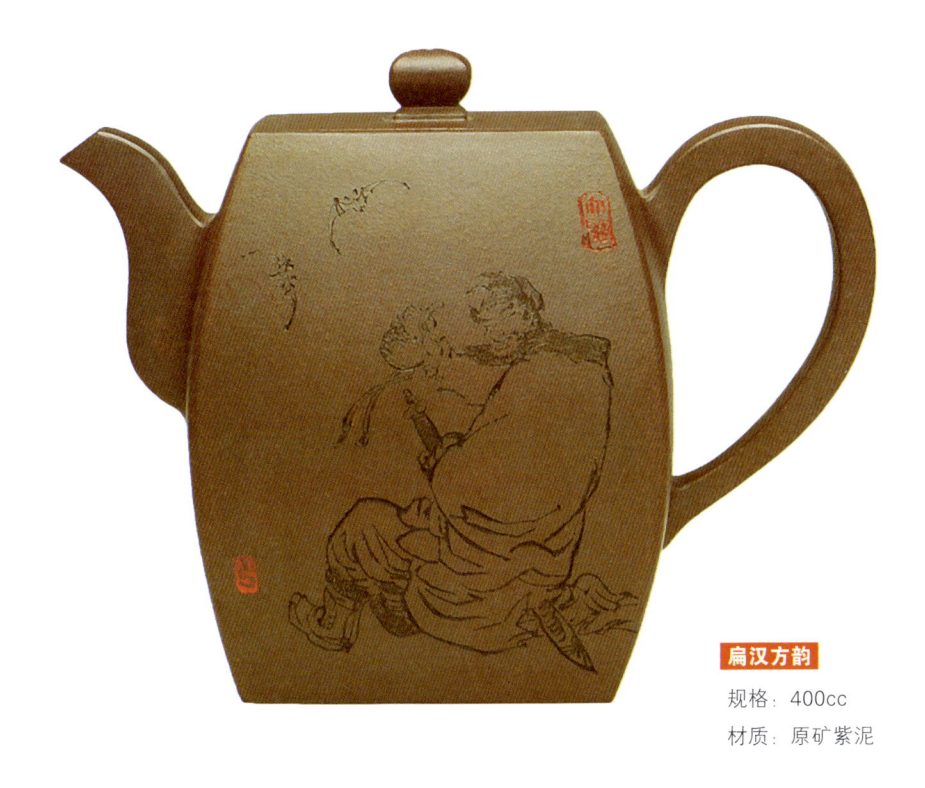

规格：400cc

材质：原矿紫泥

到了元代，紫砂壶烧制工艺取得了一定的进步。这一时期，紫砂壶制作者喜欢在壶体上篆刻铭文。也正因如此，紫砂壶得以从日用陶器中分离出来，与普通的陶器工艺品形成了很大差别，从此紫砂壶走上了艺术化的发展道路。

## 东坡提梁壶

　　相传，宋朝大学士苏东坡晚年不得志，弃官来到蜀山。当地盛产名茶和紫砂壶，又有玉女潭、金沙泉的好水，苏东坡平时吃吃茶、吟吟诗，倒也乐得自在。但苏东坡总感到一事美中不足，就是紫砂茶壶太小了，于是，他萌生了自己做一把大茶壶的想法。他叫书童买来上好的天青泥和几样必要的工具，开始动手了。谁知这件事比想象中难多了，苏东坡冥思苦想，一番努力后，终于做出了一个灯笼壶。此时还需要做个壶把。苏东坡的茶壶是用来煮茶的，如果壶把装在侧面，就会被火烧黑，而且烫手。最后，他又奇思妙想地给壶做了个提梁。因为这种茶壶别具一格，后来就有一些艺人进行仿造，并把这种式样的茶壶叫"东坡提梁壶"。

**东坡提梁壶**
规格：350cc
材质：紫砂泥

**匏瓜提梁壶**

规格：450cc
材质：紫砂泥

### 明代时期——名家辈出

明代万历年间，宜兴的紫砂壶发展进入了繁盛时期，这期间涌现出了大批良师名匠，他们穷其智慧，创造出了大量优秀的紫砂作品，呈现出高度繁荣的景象。明代时期，饮茶在文人墨客当中已经不是单纯地解渴提神，而是一件高雅的事，变成了一种文化活动。喝茶本身讲究的是"趣"，追求的是"两腋习习清风生"的境界，因此，紫砂茗壶也不再单单是普通的日用品，而是摇身一变成了富有艺术价值的工艺品，从此开启了一个独立的工艺体系。紫砂壶中蕴含着强烈的民族风格和艺术特色，也正因如此，紫砂壶才逐步进入了中国特种工艺美术品的行列。

**六方金杯**

规格：730cc
材质：紫砂泥

　　明代，紫砂茗壶的发展非常迅速，这和当时人们饮茶的生活习惯密切相关。我国古代，饮茶主要采用煮饮的方式，到了明代，冲泡散茶的方式才流行起来。因为泡茶方式的改变，茶具的使用也发生了变化，此时紫砂壶在泡茶方面的优势就得到了很好的发挥。因此，当时精于茶道的文人更加关注紫砂壶，一部分文人还参与了紫砂壶的设计制作，这也提升了作品本身的艺术价值。

明代紫砂壶的制作工艺取得了很大进步，名家辈出，精品迭现。自创制出树瘿壶的供春出现之后，明代万历年间先后出现的制壶名家还包括董翰、赵梁、元畅、时鹏等，这四人也被称为"四大家"。在这四位大家当中，董翰制作的壶最为精巧细致，另外三位大师所制的茗壶则比较古朴典雅。遗憾的是，这个时期的实物很少流传下来。在"四大家"之后，还有一位才华横溢的制壶名家，名叫李养心，字茂林，同样是万历年间人。李养心特别擅长制作小圆壶，他制作出来的紫砂壶于朴素中常带有令人惊艳的元素，因此人们称赞他制作的壶为"名玩"。李养心对制壶工艺有很大贡献，开创了"壶乃另作瓦缶囊闭入陶穴"的匣钵装烧法。

**供春壶**

规格：500cc

材质：段泥

明代时期，茗壶制作的集大成者是时鹏之子时大彬。这位大师制作的茗壶质朴古雅，具体点说就是具有"砂粗、质古、肌理匀"的特点，他的作品标志着紫砂壶工艺开始走向成熟。时大彬的弟子李仲芳、徐友泉在明代的制壶艺人当中也很受人瞩目，当时有"壶家妙手称三大"的说法，这三位大师的名字都载于史册。

**大彬提梁壶**

规格：550cc

材质：紫砂泥

**美人肩**

规格：550cc
材质：紫砂泥

　　紫砂壶在风格和式样上一直在不断演变，但总体来说还是崇尚古朴的，供春制作的各种样式的壶都是如此。明万历年间，制壶名家大量涌现，每个人的风格均有不同。具体说来，时大彬的作品非常典雅厚重，价格昂贵；陈仲美在壶身雕刻方面有较高的造诣，雕刻精巧、细致入微；李仲芳的胎体制作得非常精巧，同时刀功秀丽。

## 清代时期——百花齐放

到了清代，紫砂壶的制作又在前人的基础上更上了一层楼。此时期著名的制壶艺人有陈鸣远，他在雕塑及款式方面更胜一筹；有陈曼生，他善仿古式，并以竹刀代笔镌刻壶铭书画；有杨彭年、杨凤年兄妹，他们以精巧取胜；还有邵大亨、黄玉麟等，他们以浑朴见长。这些制壶艺人穷尽他们的智慧和汗水，创造出了一件件传世珍品。上述这些名家巧匠的艺术品，在清代已极为珍贵，所谓寸柄之壶，盈握之杯，往往珍同拱璧，贵如珠玉。这一时期的紫砂壶制作可以说是百花齐放，呈现出整体繁荣的特点。

清代嘉庆时期的书法篆刻家陈曼生对紫砂壶艺术水准的提升起到了极其重要的作用。当时由陈曼生进行构想，经杨彭年等人制作出来的紫砂壶，被人们称为曼生壶。曼生壶的出现促进了紫砂壶同诗词、书法、绘画、篆刻等艺术形式的结合。

**邵大亨菱花壶**
规格：350cc
材质：紫砂泥

**半瓦式曼生壶**
规格：350cc
材质：紫砂泥

**邵大亨掇球壶**
规格：350cc
材质：紫砂泥

**潘壶**
规格：450cc
材质：紫砂泥

　　明清时期的紫砂茗壶，在形制上呈现出变化多端的特点，壶的形状和大小各异。总的来说，明代万历之前，壶的形制还是比较大的，之后，壶形就慢慢变小了。时大彬早年经常仿制供春壶，因此制作了很多大壶，当时大彬游览娄东以及与陈继儒等几位名士交往之后，才开始制作小壶。在此之后的徐友泉等其他制壶艺人，都偏爱制作小壶，壶体的风格从"盈尺兮丰隆"逐渐转变为"径寸而平砥"。明末清初时期，擅长制作精妙小壶的制壶名家有陈子畦、惠孟臣。壶形从大到小，也是伴随着士大夫饮茶趣味和习惯的改变而不断变化的。

　　除此之外，紫砂艺人通常会在壶底、壶把下方留下落款。明代的落款多为欧体楷书，用竹刀阴刻在壶底；明末清初的一段时期，刻字与印章都兼而有之；清代康熙以后，艺人们就很少刻字了，一般都是在壶底上使用印章，或者在盖内、把下盖小章。

第一章　茶具之王——紫砂壶概况

## 陈鸣远

陈鸣远（公元 1662—1735 年），号鹤峰，又号石霞山人、壶隐，清康熙、雍正年间宜兴川埠上袁村人。陈鸣远的父亲陈子畦也是明末清初的制壶名匠，所以他从小就对紫砂壶很了解，这为他日后在紫砂壶制作方面取得的成就打下了基础。《宜兴县志》称陈鸣远是近百年来壶艺成就第一名手。他制作了数十种茶具、文玩，这些制品构思巧妙、样式新颖、塑镂兼长、技艺精湛。他的独到之处是将雕塑装饰与造型相结合，款式、书法雅健，有晋唐风格。当时受到了许多文人雅士的赞誉，如吴骞称"鸣远一技之能，间世特出"，汪文柏《陶器行诗赠陈鸣远》有"古来技巧能几人，陈生陈生今绝伦"之句。

**鸣远传炉壶**

规格：550cc
材质：紫砂泥

**香玉瓶**

规格：500cc
材质：紫砂泥

## 近代时期——承前启后

自清末至20世纪上半叶，陶器店号的标记开始被印刻在紫砂壶上，壶上的刻铭也更专业化了，这标志着紫砂壶的生产开始走向商业化。近代流行复古的风尚，这自然也影响了紫砂壶的制作，秦汉瓦当、汉泉及西周彝器铭文的拓本，经常用于紫砂壶上的饰纹中。20世纪初，紫砂器多次参展、参赛，并获多个国际博览会金奖，从而刺激了该行业的工艺发展。这时期的制壶名家主要有程寿珍、冯桂林等。

1910年4月28日至10月28日，我国在南京举办了"南洋第一次劝业会"，这次盛会的宗旨是"奖劝农工、振兴实业。"江苏宜兴阳羡陶业公司的紫砂陶器获特等奖，宜兴物产会的海竹顶、宝鼎及大市壶等10件紫砂产品获金奖。

## 现代时期——春色满园

从 20 世纪 50 年代到现在,紫砂壶的造型艺术和装饰工艺进入了高度繁荣时期。古老的紫砂工艺呈现出满园春色、万紫千红的景象。艺人们一方面继承了紫砂制作的优秀传统,使失传几十年的优秀品种逐渐恢复,另一方面注重发挥和创新,创造了许多新产品。

形制方面有几何形(包括圆器、方器)、自然形(又称塑器)、筋纹器及小型壶、水平壶等,色彩方面包括白泥、朱泥、紫砂、青蓝泥、梨皮泥等十多种,纹饰方面运用了浅浮雕、印花、贴花、镌刻及金丝银镶嵌等新工艺。

现当代造壶艺术的代表人物有顾景舟和蒋蓉等。著名老艺人还有朱可心、裴石民、王寅春、吴云根、任淦庭等。他们的技艺是多方面的,各领风骚。

**海豚**

规格:380cc
材质:紫泥

**福寿双全**

规格：400cc
材质：紫砂泥

顾景舟技艺全面，他制作的茶壶多为素式；王寅春、吴云根则主要制作筋纹器；朱可心、蒋蓉又善制雕塑纹样装饰的壶；裴石民除擅长制壶外，还因制作形色逼真的花果小件而被世人所知；而任淦庭则以书画陶刻著称于世。他们除了精心创作外，还将自身精湛的技艺传给了下一代年青学徒，使紫砂壶这一传统工艺后继有人。过去的所谓"养儿防老，留艺防身；教会徒弟，饿死师父；传子不传女"等情况被根本改变。新一代的陶艺师在成长，而且创造出了不少新颖的作品。

现当代最著名的壶艺家顾景舟先生是国家授予的"中国工艺美术大师"，被海内外誉为"壶艺泰斗"。他在紫砂壶艺上取得了极高的成就，技艺严谨精湛，作品不拘一格，且善鉴赏古器，是国内外公认的紫砂壶鉴赏权威，其造壶艺术可与明代时大彬等相媲美。

**小鸭子壶**
规格：220cc
材质：紫砂泥

**母子情葡萄桩**
规格：500cc
材质：紫砂泥

**步步高升**

规格：300cc
材质：紫砂泥

## 紫砂壶缘何备受推崇

宜兴的紫砂茶具备受饮茶爱好者的青睐，一方面紫砂茶具在质地上的优势决定了其是非常理想的泡茶用具，另一方面，是因为茶具本身古朴雅致、风格多样化，各种茗壶造型独特且富有文化品位，这一特点是紫砂壶特有的，是其他茶具所不具备的。

根据现代科学的研究可知，紫砂壶能够保持茶汤的原味，不夺茶的真香。概括起来，紫砂壶的优点有以下五个方面：

（1）紫砂壶的材质很独特，是一种半烧结的精妙茶器，因为存在特殊的双气孔结构，透气性非常好，但又不会发生渗漏。这种特性使得紫砂壶一方面可以吸收茶汁，日积月累，积累下来的茶锈可以产生奇妙的效果，就算是只将沸水注入空壶中，也会有茶香溢出。这一现象也对应了"一壶不事二茶"的道理。

（2）清洗方便。如果紫砂壶有一段时间没用，再次取用时，用开水烫茶壶两三次，然后将冷水倒掉，再泡茶原味不变。

**莲子壶**

规格：300cc
材质：紫砂泥

（3）耐热性好，传热慢。即使外界环境温度很低，在紫砂壶中注入沸水，茶壶本身也不会因为温度剧增而胀裂，甚至如果有需要还可以将茶壶置于火上，茶壶也不会爆裂。当年苏东坡就曾用紫砂提梁壶烹茶，还留下了"松风竹炉，提壶相呼"的茶歌。这同时也是古今中外讲究饮茶的人偏爱紫砂壶的原因之一。另外，注满沸水的紫砂壶，无论提、抚、握、拿均不烫手。

（4）盛暑时节，茶汤不易馊。紫砂壶中的茶汁不易变质，即使在炎热夏季隔夜也不容易起"腻苔"，因此清洗方便，非常省事。而紫砂壶之所以能保持茶汤的原汁原味，与其材质有密切关系。紫砂泥本身可塑性非常好，延展性极佳，因此制壶艺人利用精湛的技艺就可以制作出口盖严密、缝隙极小的紫砂壶，这在最大程度上延缓了带有霉菌的空气流向壶内的时间，因此茶汤不易变质，对人的身体健康非常有利。

**事事如意**
规格：300cc
材质：紫砂泥

**报春**

规格：450cc
材质：紫泥

（5）越用越润泽。紫砂壶经过长久使用后，器身会因为主人的抚摸、擦拭而变得更加圆润，使整体看起来既古朴又典雅。

以上介绍的是紫砂壶的一些实用性特点。除此之外，从艺术层面上来讲，紫砂壶仍旧有很多优势。

（1）紫砂泥本身色彩多样，因此紫砂壶虽然不上釉，但历代艺人还是可以制作出种种色彩斑斓的紫砂壶，令人赏心悦目。

（2）紫砂泥本身可塑性强，成型技法变化万千，与手拉坯等轮转成型方法（这种方式制作的仅限于同心圆造型）不同，因此紫砂器的造型极其丰富，令人眼花缭乱。

（3）紫砂茶具深受文人雅士喜爱，因此许多画家、诗人都会在壶身上题诗、作画，寓情写意，这也进一步提升了紫砂器的艺术性与人文性。因此，紫砂壶不再是一种单纯的饮茶器具，更是一种值得收藏的工艺品。

**石瓢提梁壶**

规格：400cc

材质：红泥

正是由于实用价值与艺术价值兼备，紫砂壶的经济价值也变得不可小视，进而推动了紫砂壶制作的工艺创新。紫砂壶本身包含了众多元素和内容，因此数百年来一直受到人们的喜爱与重视。

**汉方壶**

规格：550cc
材质：紫泥

# 第二部分 制作篇

紫砂壶

# 第二章
# 宜兴瑰宝——紫砂泥概况

## 紫砂泥料简介

通过前面的介绍，我们不难发现，紫砂器之所以受到人们的追捧，和紫砂原料有密切的关系。

紫砂泥常被称作"泥中泥，岩中岩"，其本身色彩缤纷，包括红泥、紫泥、绿泥、段泥等。除此之外，还可以把这几种基色泥进行配比，根据泥土配制的比例不同，可以拼配出更丰富的颜色，被称为拼配泥。宜兴产的紫砂泥质量上乘，而且矿藏量巨大，这也让宜兴的紫砂矿拥有了先天优势，所以当地百姓都叫它"富贵土"。

**方圆**

规格：350cc

材质：绿泥

第二章　宜兴瑰宝——紫砂泥概况 | 031

不同的紫砂泥产于不同的矿区，而且各矿区的矿层分布也不同。烧制时，温度只要稍有不同，最终烧制出来的紫砂壶便会有很大差异，因此紫砂泥烧制后的颜色具有不确定性，这为其增添了许多神秘感。紫砂泥颜色丰富，具体来说，朱有浓淡，紫亦有深浅，黄色的变化就更多了。如果把这些颜色重新命名一下，则可以概括为铁青、天青、栗色、猪肝、黯肝、紫铜、海棠红、朱砂紫、水碧、沉香、葵黄、冷金黄、梨皮、香灰、青灰、墨绿、铜绿、鼎黑、棕黑、榴皮、漆黑等。

**西施壶**

规格：220cc
材质：绿泥

**容天壶**

规格：450cc

材质：紫泥

  紫砂泥料处于岩石层下面，通常分布在"甲泥"的泥层之中，矿层本身的厚度在数十厘米到一百厘米之间，其主要构成成分为含铁质黏土粉的砂岩。紫砂泥的主要矿物成分包括水云母、高岭岩、石英、云母屑和铁。紫砂泥的化学成分则包括氧化硅、氧化铝、氧化铁、氧化钙、氧化镁、氧化锰、氧化钾和氧化钠。这些不起眼的化学成分，在经过一定比例的配比之后，就组成了性能极佳的紫砂泥。

紫砂泥经过初步加工后才会成为紫砂泥熟土。熟土中含有较多的铁和石英砂，加工后的熟土颜色多为紫色或紫红色，这个阶段的紫砂泥就已具备良好的可塑性。最终制作成的紫砂器表面有一种细沙粒状的物质，摸起来非常光滑。

用宜兴紫砂泥做出来的紫砂器才是最正宗的。有一些泥土也可以烧制出紫红色的成品，可是这种陶器不能算作紫砂器。这类陶器也有许多种类，比方说产于广西地区的朱泥和紫泥陶器、云南地区出产的紫陶，均是由当地出产的泥土制成，外表也不挂釉，用来泡茶效果也不错，但这类陶器是无法和紫砂器相提并论的。

**井栏提梁壶**

规格：400cc

材质：段泥

**丰收壶**

规格：400cc
材质：紫砂泥

**圣方壶**

规格：400cc
材质：紫砂泥

紫砂泥泥质很细腻，制成坯体后具有很好的韧度，铁的含量超过9%，经过阴干后收缩率很小，成品不易变形。紫砂泥质的这些特性，为制作造型千变万化的紫砂壶创造了有利条件。

紫砂陶土在经过上千度的高温焙烧后，其吸水率会得到提升，气孔率也得以提升，因此制成茶壶后吸附和透气性能特别好，优势明显。

由于紫砂壶具有众多优势，人们乐于制造、购买和收藏紫砂壶，这就导致几百年来人们不断地开采紫砂泥。到了今天，紫砂泥矿藏变得越来越珍贵。早在清代晚期，红泥当中品质最好的枣朱泥就已经消失了。伴随着我国工业化的发展，紫沙泥的开采规模越来越大，这更加剧了紫砂泥这种不可再生资源的稀缺性。紫砂泥的资源总量在不断减少，其中一些品质出色的紫砂泥，比如说底皂泥，更是因为开采量和使用量非常大，资源减少得非常快。按照紫砂界人士的分析，中国紫砂泥已经面临原矿减产甚至消失的局面，宜兴地区的紫砂泥矿藏至多只能供大约50年的开采，一旦矿藏资源枯竭，那么紫砂泥原矿就只能存在于人们的记忆当中了。而那些存世的真正的紫砂壶，在使用和保存中必然会有一定的消耗，因此存世的总量也必将慢慢减少。

**六方井泉壶**
规格：400cc
材质：紫砂泥

**富贵牡丹**

规格：400cc

材质：段泥

## 紫砂的传说

　　传说很久以前，宜兴丁山（丁蜀镇）的村民过着安宁祥和的生活。有一天，这里来了一个僧人，他边走边大声喊："富有的皇家土，富有的皇家土"，村民们都不明所以。僧人见村民充满了疑惑，又提高了嗓门喊，并快步走了起来。一些有见识的长者，就跟着这奇怪的僧人一起走，僧人走到黄龙山和青龙山之间，就消失了。长者们四处寻找，看到好几处新开口的洞穴，洞穴中有各种颜色的陶土。长者们就搬了一些彩色的陶土回家，敲打铸烧，神奇般地烧出了不同颜色的陶器。一传十，十传百，就这样，紫砂陶艺慢慢形成了。

## 紫砂泥的特性

　　紫砂壶闻名于世，固然和它的制作工艺分不开，但根本原因还是其制作原材料——紫砂泥所具有的得天独厚的优越性。紫砂泥是紫砂壶得以傲立于世的根基。

**丰硕壶**

规格：400cc
材质：紫砂泥

花器
规格：350cc
材质：紫泥

    只有选择优秀的原材料，才能做出优秀的产品，这个道理对于紫砂壶的制作来说再恰当不过了。而说到紫砂泥的选择，需要注意很多事项，紫砂泥本身的品质是紫砂器质量高低的最重要参考。

**花器**

规格：350cc

材质：紫泥

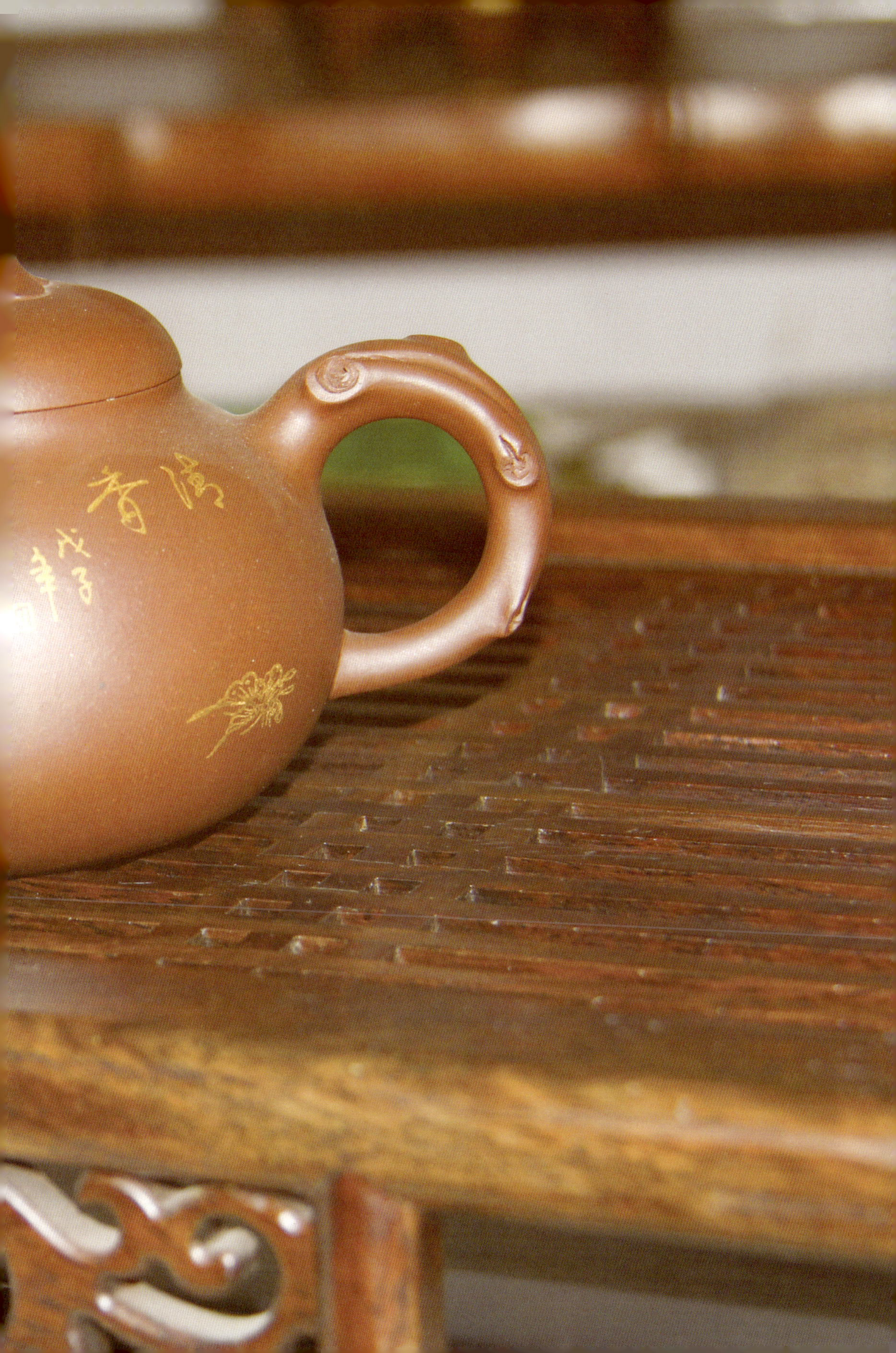

宜兴山川钟灵毓秀，人杰地灵，出产的这种特殊的紫砂泥是我国罕见的天然陶土资源。事实上，在安徽的寿县、山东的博山、广东的潮邑，也有看起来和紫砂泥类似的泥料出产，但它们的成分差别非常大。宜兴的紫砂泥，本身黏中带砂，柔中见刚，韧性极好，且颜色丰富，烧成的紫砂壶表面，于光滑平整之中含有小颗粒状变化，表现出一种砂质效果。事实说明，只有宜兴紫砂泥才能做出外表朴素典雅，且经久耐用、备受世人推崇的紫砂壶。

下面介绍一下宜兴紫砂泥的特点。

（1）干燥收缩率小。紫砂壶从泥坯到烧制成型收缩率仅为8%左右，烧成温度范围较宽，生坯强度大，不易变形，因此茶壶的口盖能做到严丝合缝，造型线条轮廓规矩适度，不致扭曲。

**花蕾壶**
规格：450cc
材质：紫砂泥

**梨形壶**

规格：350cc

材质：红泥

（2）紫砂的成品吸水率小于2%，气孔率则在陶和瓷之间。紫砂泥里面有大量的团聚体（也就是闭口气孔），当紫砂器最终烧制完成时，团聚体会出现较大的收缩，周围会出现一层层间断的气孔群。正因为如此，紫砂壶成品才具有良好的透气性和排水性，成为非常理想的泡茶用具。

**锦上添花如意纹壶**

规格：350cc
材质：紫泥

（3）紫砂泥的分子排列结构非常有特点，基本呈鳞片状。这一特性决定了紫砂泥的热传导性差，因此用紫砂茶具泡茶不烫手，而且在寒冬季节，直接在紫砂壶里倒入沸水或者用火烧煮紫砂壶，也不会出现开裂的情况，紫砂壶的这一优势是其他茶具难以相比的。

（4）紫砂泥本身的颜色多种多样，制成茶器时呈现出的颜色和原料的天然色泽是一致的，因此会显得质朴、高雅。

（5）耐久性强。紫砂泥成型后不需要施釉，用得时间越久，把玩的时间越长，便会越富有光泽。这也是紫砂泥的一大特性。

**清韵壶**

规格：220cc
材质：紫砂泥

## 紫砂壶原料的分类

紫砂泥为制作紫砂壶（器）的主要原料，深藏于黄龙山岩层下数百米，在"甲泥"矿层之间。在宜兴，只有在丁蜀地区范围内的陶土矿中才能找到紫砂泥。

### 红泥

红泥又被人们称为"朱泥"，其产地位于宜兴川埠境内的西山和赵庄，该地矿形琐碎，泥料需经手工挑选。此地的泥料含铁量不一，因此，烧成之后呈朱砂色、朱砂紫、海棠红等色。因为红泥产量有限，早期只有在制作销往南洋的水平小壶的胎身和装饰紫砂壶泥坯的时候才会使用。后来，有制壶艺人为使泥料更精细、更纯粹，将红泥进行洗涤、沉淀，得到了质地细如滑脂的泥料，这就是红泥胎土。

**矮石瓢壶**
规格：240cc
材质：红泥

**筋纹壶**

规格：350cc

材质：红泥

    红泥最显著的特征是氧化铁含量极高，达到14%~18%，这是红泥烧成壶后呈现红色的主要原因。红泥的泥性甚娇，不易成型，一般成品率仅为70%，因此，红泥很少用来制作大件，一般用于制作中小件。

    由于红泥细腻滋润，含铁量高，耐火力低，烧结后的密度和玻化程度较高，吸水率又低，因此是质地上乘的紫砂泥品种。

## 紫泥

紫泥位于紫砂矿的夹层，主产地位于宜兴丁蜀镇黄龙山，有天青泥、红棕泥、大红泥、梨皮泥等品种。这里所说的夹层即夹于地层中、深埋在泥土下受自然压力形成的坚硬的块状岩泥层。水云母是紫泥的主要成分，除此之外，还含有不等量的高岭土、石英、云母屑及铁质等。紫泥原料颜色呈紫色或紫红色，并带有浅绿色斑点，经过焙烧后，

**牛盖莲子壶**

规格：400cc
材质：紫泥

颜色变成紫色、紫棕色、紫黑色。内行人形容紫泥的时候常说泥中有"骨",这个"骨"就是紫砂泥中的"砂",即紫泥中的石英颗粒。它与黏土、云母、赤铁矿共生一体。紫泥不需要与其他原料拼配,单一原料即可成型烧成品种繁多的紫砂陶器。

由于紫泥的属性近似于制瓷原料,具备良好的可塑性,泥坯强度高,干燥收缩率小,具有优良的工艺性能,所以制作紫砂壶以紫泥为主。

紫砂壶
| 050

双线竹鼓壶
规格：500cc
材质：紫泥

**供春壶**
规格：350cc
材质：绿泥

## 绿泥

　　绿泥，一般称为"本山绿泥"，其产于黄龙山岩层与紫泥共生矿层中，矿层仅数厘米厚，属于原矿中比较稀少的泥料，一般很少单独成型。水云母、高岭石、石英是其主要的矿物成分，还含有少量铁氧化物。绿泥略带青灰色，与青壳鸭蛋的颜色近似，烧成壶后为米黄色。绿泥泥质较嫩，耐火力不如紫泥，大多用来做胎身外面的粉料或涂料，用来装饰紫砂陶器。

## 段泥

一般紫泥、红泥在泥矿层中，不论厚薄，都是一层一层的，如同"千层饼"一样，不会有间断。但段泥却不是这样，段泥虽然在同一泥层中，但是中间往往会间隔其他的泥料或矿石，被隔成一段一段的，这也是其名称的来历。用段泥烧制的宜兴壶也是黄色的，但比本山绿泥的黄色稍深、稍暖。

## 拼配泥

宜兴陶器烧的基本颜色为紫色、红色、黄色三种。在此基础上，因泥料矿区、拼配方法、烧制温度等不同，宜兴壶会呈现出更为丰富的色泽。

泥料按照不同配比拼配，烧成后会产生不同的色泽，制壶艺人们在实践中摸索出了各自的泥料拼配经验，可拼配成诸多美观的色泽。

**包容**
规格：500cc
材质：段泥

**春色满园**
规格：350cc
材质：拼配泥

**扁韵**

规格：400cc
材质：紫砂泥

**掇菊**

规格：380cc
材质：紫砂泥

## 紫砂泥的开采

　　紫砂泥在被开采出来未加工成制壶原料前是矿石。之前，人们常习惯称宜兴壶为"泥壶"，这其实是不恰当的。宜兴的陶泥与中国其他地区的泥料迥然不同。宜兴壶所用的"泥"原矿是一种经过风化的矿石。

　　初开采时，紫砂矿料与普通矿石看起来好像没有什么不同，然而一旦放置在户外，经过风吹、日晒、雨淋，矿石很快便松酥如土，再经过很多道工序，粉碎、筛选、加工之后才能够用来制壶。

　　江苏宜兴境内的南部丘陵山区是紫砂泥的主要产地，比如说黄龙山、白砀山等处。开采紫砂泥，要依据不同的地方、不同的品种以及不同的地理条件，采取不同的方法。具体来说，紫砂泥的开采方法包括明掘和暗掘两种。

明掘，通俗地说就是露天开采，节省时间和人力是这种开采方式的优点。开采的时候掘去1~2米的表层废土，就可以挖掘紫砂泥了。这种挖掘方式适用于覆盖层较薄的矿体或较靠近地表的山坡。比较著名的明掘矿藏就是嫩泥矿。一般情况下，泥层和地表的距离不超过2米，就可以采用明掘的开采方法。

暗掘指的是坑道开采。这种挖掘方式要按照固定的开采程序，在地下矿床或围岩中把泥土开采出来。科学的开采方式是开采前先凿矿井，矿井要穿过黄石岩层或在黄石岩层开掘成横穿式隧道到泥层，之后再进行开采。暗掘的开采方式有矿井式采掘和隧道式采掘两种。如果需要开采的泥土距离地面较深，一般采取矿井式采掘，采掘的工程难度较大，常见的矿藏包括甲泥矿等；隧道式采掘经常用来开采紫泥矿。

**葫芦**

规格：500cc
材质：紫砂泥

**六方雪花**

规格：500cc

材质：红泥

## 紫砂泥料的加工配色

刚挖掘出来的紫砂泥矿看起来和岩石差不多，质地粗硬，是不可以直接用来制作紫砂壶的，还需要对紫砂泥矿进行加工。首先需要用人工方法进行精选，然后露天放置一段时间，让矿石得到自然风化，将其分解成黄豆般大小的颗粒状物质，接着再经过一系列的加工处理才能用来制作紫砂壶。处理方法主要包括炼泥、澄泥、踏炼等。

**潘壶**

规格：350cc
材质：紫泥

## 炼泥

开采好的各种泥料原矿要先分别摊放在干净的水泥地上，任其日晒雨淋。一段时间之后，这些泥料就会变得如土一样松散。根据专业紫砂艺人的经验，泥料摊放时间越长越好。泥料风化完成后还要拣去其中的各种杂质，尤其是石灰石。即使有极少量石灰石残留在泥料中，也会影响紫砂壶的质量，成品烧制成后，掺杂石灰石的地方会出现白色斑点，十分显眼。此外，还要剔除富含铁质的泥料，如果使用富含铁质的泥料制壶，烧制后的紫砂壶会色泽不佳。

**亘古**

规格：550cc
材质：紫泥

**石瓢壶**

规格：220cc
材质：紫砂泥

炼泥有两种方法，分别是人工和机械两种。人工方法是将分解后的泥料捶碎，经过筛选，再加水调和，然后人工脚踩踏炼。人工炼泥效率低，而且还需要陈腐养土，但是炼出的泥韧性好。20世纪60年代后期，机械炼泥开始兴起，专用设备有雷蒙粉碎机、搅拌机、真空炼泥机等。具体操作步骤是在生泥风化后，经粉碎、过细筛、湿水后进入真空炼泥机里，直接炼成熟泥料，省去陈腐养土环节。机械炼泥效率高，颗粒更加均匀细腻，但是韧性没有人工炼制的泥料好。

## 陈腐

将炼好的泥用铁铲切成大小适当的方块，放置在阴湿的地窖中，这便是陈腐的过程，其间要经常洒水以保持泥的湿度。陈腐的时间不能太短，要等泥中的有机物成分全都腐烂挥发后，烧成的紫砂壶质量才高。古代紫砂艺人特别重视陈腐。据说陈腐达到百年的纯紫砂泥，价格贵过黄金。

**茄段壶**

规格：350cc
材质：紫泥

**乳鼎壶**

规格：400cc
材质：紫砂泥

## 澄泥

澄泥是将泥料经过粗碎，然后用水浸润，再进行除水、澄淀等一系列过程。

## 踏炼

踏炼包括将泥料摊晒、捶碎、过筛、加水调和、脚踏踩炼、用木杆切碎等过程。从矿砂到泥料是一个大浪淘沙的过程。一般情况下，50千克好的矿砂仅能提炼出3千克~3.5千克的好泥料，炼泥率不足10%。经过开采和处理，紫砂泥才能正式派上用场。

**茄段壶**

规格：220cc
材质：红泥

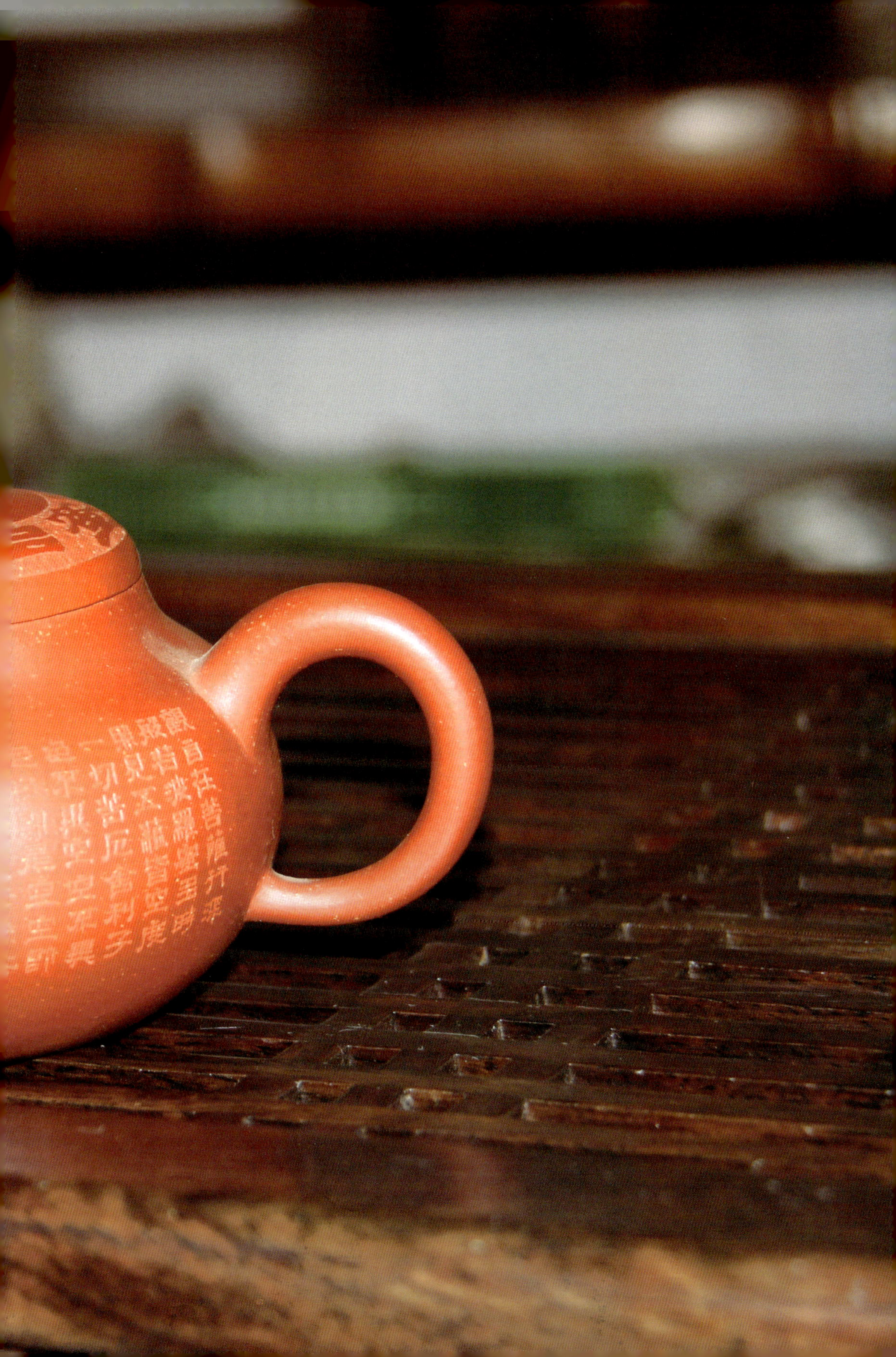

## 拼配

值得说明的是，将原矿碾碎后，还需要拼配。这种拼配，很像是茶叶的拼配，是一项既有技术含量又有艺术含量的工艺——用两种或三种不同的泥料拼配出另一种会产生新色泽的泥料。再加上在烧制过程中，窑火的温度和时间长短不同也会使紫砂壶出现不同的颜色。因此，紫砂壶的颜色多达几十种。现代制作紫砂壶的过程中，还会在泥料中加入着色剂（金属氧化物），烧成后的颜色更是多种多样，包括铁青、天青、栗色、猪肝、黯肝、紫铜、海棠红、朱砂紫、水碧、沉香、葵黄、冷金黄、梨皮、香灰、青灰、墨绿、桐绿、鼎黑、棕黑、榴皮、漆黑等，多达上百种。早在明清时期，紫砂艺人就已开始对泥料进行配色处理了。配泥是制壶工匠的一项绝活，全凭制壶人的经验，秘不相传，因此每个工匠所制之壶风格各异。

**双子缘**
规格：450cc
材质：紫砂泥

# 第三章
# 精益求精——紫砂壶的成型工艺

## 紫砂壶的制作工具

紫砂壶的成型工具可以划分为两大类，一类是常用工具，也就是制壶必用的工具；另一类则属于为制作某种造型配置的专用器具，此类工具往往是壶艺家自己加工制成的，多用铁、木、铜、竹、牛角、皮革、塑料等材质。这些工具是无数紫砂艺人智慧的结晶，同样也是紫砂艺人在制作时不可缺少的帮手。

制壶常用工具

木搭子

## 木搭子

这种工具使用檀木、枣木、红木等硬质木制成,一般用来打泥条、泥片、捶泥。

## 木拍子

其材质为柏树、枣木、红木等硬质木,可以依据壶体的大小决定木拍子的尺度。木拍子可以将圆壶身筒、方器的平面做得更平整。

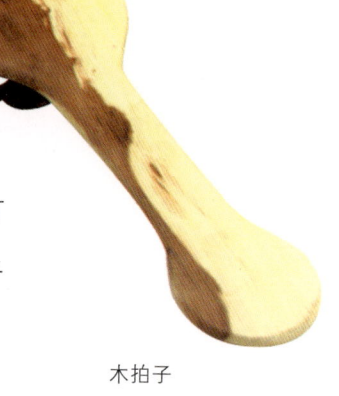

木拍子

## 竹拍子

用竹制成,依据用途的差异,在大小和形制方面会有不同。竹拍子的作用是拍身筒,处理壶内细部,属于常备工具。

竹拍子

## 鳑鲏刀、牙子、挖嘴刀、开口刀

这类工具是钢铁材质,刀刃锋利,可以非常顺利地切削泥片。这类刀具一般呈小鱼和柳叶状,用途极广,每个角度皆有其功能。

鳑鲏刀

## 尖刀、滴棒

用金属、竹木、塑料等材质制成,可用来修饰壶平面,或转折打光壶的局部和细节部分。

尖刀

## 各种矩车

包括规车、墙车及特殊规格用途的矩车,这种工具的功能是裁制泥片,相当于圆规。由竹、木、铁钉制成,调整固定件高低,具备特殊功能。

矩车

第三章 精益求精——紫砂壶的成型工艺 | 067

线梗

## 线梗

俗称丝尺，材质多为牛角、竹、木等。使用时可依据形制的不同要求进行具体操作。丝尺是一种专用工具，专用于清理壶上的各种凹凸装饰线，使线面挺括、均正、光洁。

## 复只、勒只

通常为竹、牛角材质，只能配套使用，用于泥片间脂泥交接和交合线转折，使其光挺。

勒只

## 明针

又名牛角片，用牛角制成，其特性是能够刮削不同的厚薄，且有弹性。明针的功能是加工打光壶身、壶嘴、壶把、壶盖、壶钮、筋纹等部位光滑细腻的表面，是制作紫砂壶的必备工具。

明针

## 虚坨、瓢只

人们习惯称虚坨为凸型秤，制作材质为石膏、紫砂泥，是用于壶凸面的辅助模具。瓢只一般称为凹型秤，是用于处理壶凹面的辅助模具。

虚坨

木转盘

## 木转盘、辘轳

制壶时打身筒及制壶全过程都会周到的辅助工具。

## 篦只

一般用竹制成，是用来规整壶身、壶盖弧度的工具。

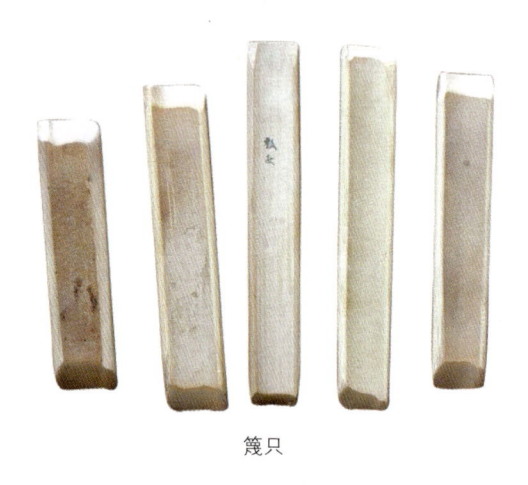

篦只

## 泥扦尺

用节距较长的竹片制成，从柄到头渐渐变薄、变窄，背面要平正，口要齐，一面成口状。泥扦尺的作用是起泥条和起大片子。

泥扦尺

## 独个

通常用竹、牛角、象牙、硬质木料等材质制成,其作用是圆眼、圆嘴。独个可分为两类,一类是一头尖一头平,另一类是两头尖(一头粗一头细)。

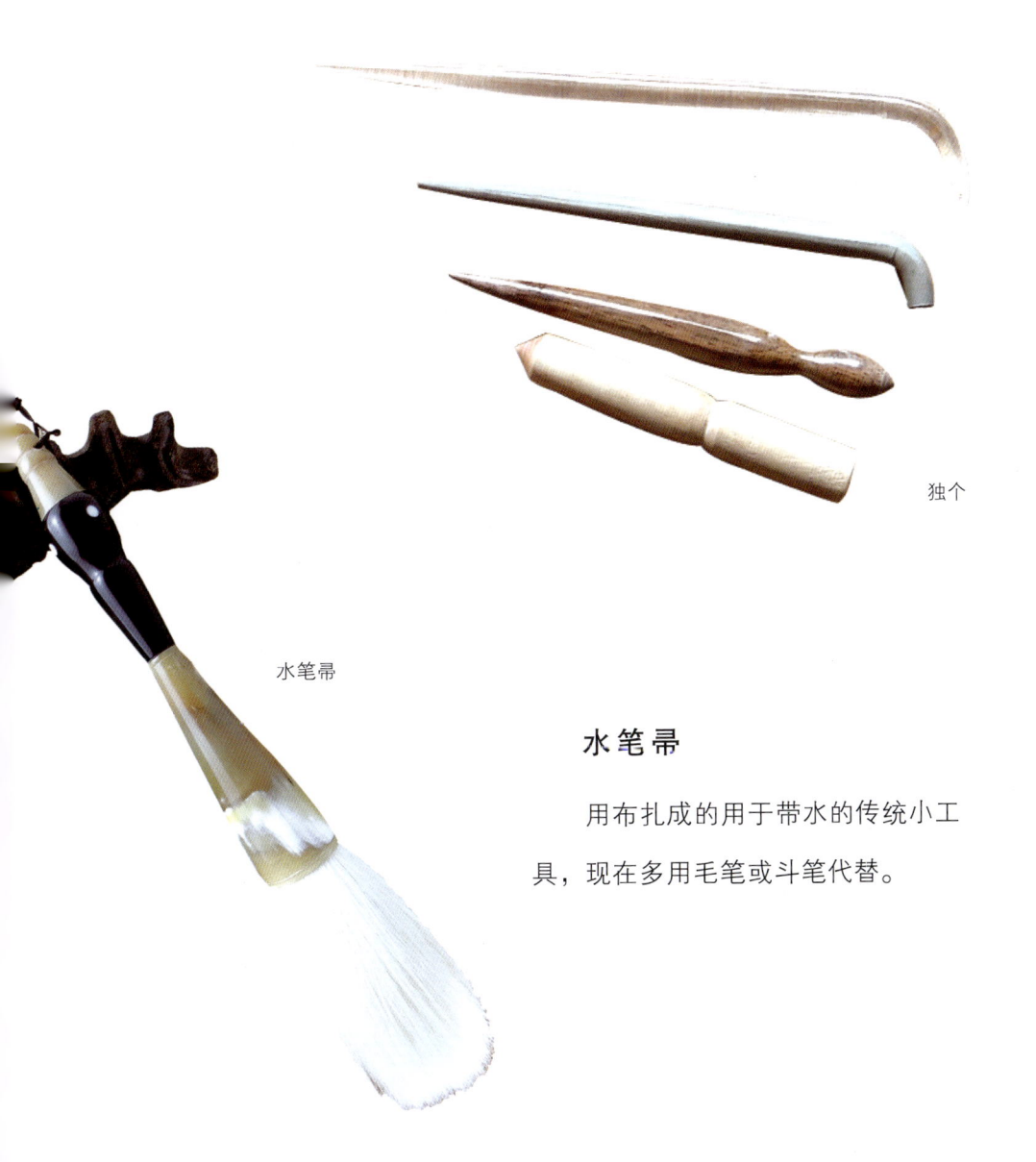

独个

水笔帚

## 水笔帚

用布扎成的用于带水的传统小工具,现在多用毛笔或斗笔代替。

**祝寿延年**

规格：500cc

材质：紫砂泥

**祝寿延年**

规格：500cc

材质：紫砂泥

## 紫砂壶的成型过程

紫砂壶的制作是造型艺术创作的体现，其成型与其他日用陶瓷的生产和制作有极大区别，美学标准和造型艺术规范对其创作有重要影响。

紫砂壶的成型方法是从宜兴传统的陶器制作工艺中发展而来的，其中，唐代前后日用陶器的制作方法对其影响最大。但紫砂壶的制造与以其他陶土为原料陶器的制作还是有很大区别的。紫砂壶因原料特别、实用性强，以及收藏艺术价值高，从而衍生出一套不同寻常的制作工艺和造型法则。

**供春壶**
规格：450cc
材质：紫砂泥

前面已经介绍了制作紫砂器具所使用的工具，紫砂壶的制作与这些繁复的工具密切相关。紫砂器具的制作工具与其他陶瓷的制作工具不同，而通过这些工具实现的成型规则和制作方式自然与一般陶瓷制品的成型规则及制作方式存在较大差异。大多数陶瓷器具的成型方法都是滚压、注浆、轮转手拉等，而紫砂泥由于质地特殊，在紫砂壶成型过程中无法使用这些方法，久而久之，宜兴的紫砂匠们在长期摸索中就研究出了一套特殊的成型工艺。

**清露**

规格：450cc
材质：紫砂泥

**春浮雀舌**

规格：500cc
材质：紫砂泥

紫砂陶的成型方法主要有两种，分别是打身筒和镶身筒。要选择哪一种方法需要根据作品不同的外形来确定，通常情况下，圆形作品的制作都采用"打身筒"，而方形、六角、八角等形状则采用"镶身筒"。下面介绍一下这两种紫砂壶的成型方法。

## 打身筒

茶壶的壶体被称为身筒,这是茶壶的主体部分,因此它的成型与整件作品的成败密切相关。

打身筒主要用来制作圆形壶。具体操作步骤是,先把和好的泥料用木搭子拍打成薄厚均匀的泥片,泥片的厚度根据不同的壶形有所差别,但通常在3毫米以内。然后,计算要制作的紫砂壶形体的尺寸,用规车切割出所需的尺寸,再用转盘把泥片圈按成筒状,使两端连接,出然后用鳑鲏刀将重合部分切齐,再用"滋泥"把接口处黏合好,注意,这个黏接的位置一定要记住,之后的工序中要在这个位置安装壶把,这样可以最大限度地掩饰接口。身筒成型之后,接下来就是"打"的步骤。把手伸入身筒中(如是小型壶则视情况伸入一指或几指),用木拍子拍打泥筒外壁,并均匀地轻转身筒,逐渐拍打成构思好的造型,然后将经过打制的身筒置于转盘上,进行肩、肚、足等部位的成型,最后安上壶把、壶嘴、盖口等配件,一件紫砂壶的定型就基本完成了。然后经过短时间的晾干,当泥的干湿程度便于进一步加工的时候,用明针通体压光,再在盖内和壶底甚至把脚处打上作者印章,阴干后就可以装窑烧制了。

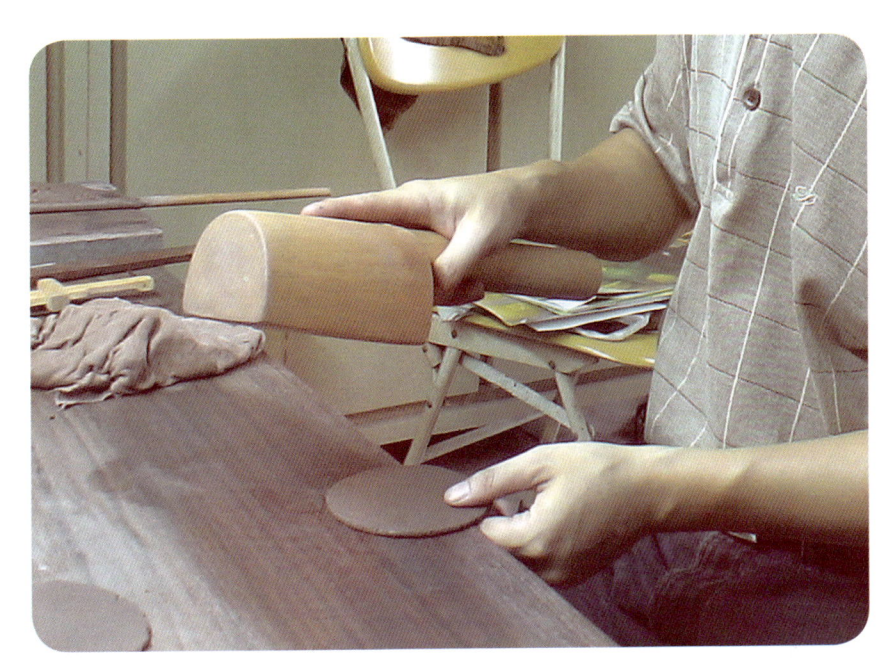

打泥片

打身筒

第三章　精益求精——紫砂壶的成型工艺 | 077

## 镶身筒

方形壶的制作过程与圆壶很相似，不同之处在于将打身筒换为镶身筒的工序。

镶身筒确切地应该叫身筒的镶接法。镶身筒的操作工序是将打好的泥片按照适宜的尺寸裁好，泥片的接口处要用鳑鲏刀切成斜面，以"滋泥"拼接成型，盖和底用几层泥片叠加而成。

镶接完成后，配件的安装与前面讲的圆壶制作基本是一样的，但方形器具的造型难度更大。因为方器较圆器的跨度更大，湿坯更易出现下塌、错位等变形情况。这就对紫砂壶制作者提出了很高的要求，他们必须具备很高的技巧和丰富的经验，才能出色地完成整件作品的制作。

**双线竹鼓**
规格：420cc
材质：紫砂泥

**清泉石上流**

规格：350cc

材质：紫砂泥

## 紫砂壶的焙烧

当造型生动、制作精美的紫砂壶毛坯制好后，就进入了焙烧的步骤，焙烧之后，一件精美绝伦的紫砂壶才能真正展现在世人眼前。

我们都知道，正是因为有了高温的烧制，紫砂泥才从泥土变成了紫砂器具。紫砂器的焙烧温度在 1100～1250℃。

紫砂壶在烧制前先要经过阴干，待毛坯干透后，才可以装入匣钵，然后送入燃烧室焙烧。匣钵是一个小盒子，用耐火材料制成，毛坯装在里面烧制，可以避免成品变形和受到污染。这种做法源于明代，当时采用瓷陶混窑烧制，为了防止紫砂陶器外表染上烧制时飞起的"釉泪"而采用匣钵，一直沿用至今。

　　紫砂壶的烧制方法可分为两种，分别是传统方法和现代方法。传统方法主要为窑烧，经历了龙窑、倒焰窑到隧道窑的演变。现代方法主要为瓦斯窑和电窑两种。

**清泉石上流**

规格：160cc
材质：紫砂泥

**素水**

规格：380cc

材质：紫砂泥

## 龙窑

  古人常用龙窑来烧制紫砂壶。龙窑是依山坡用砖砌筑成斜坡式弯状的隧道，一般长 30~70 米，顶端高约 12 米，倾斜角为 8~20 度，由窑头、窑床、窑尾三部分构成。在隧道两侧，每距约 1.3 米会有一个小洞，被称为"鳞眼洞"，这是用来投放燃料的。烧紫砂壶时，须先将陶坯装入匣钵，一窑可容纳匣钵 2880 只。紫砂艺人一般用松枝、硬柴来烧窑，温度可以达到 1200℃ 左右，生产周期约为 4 天。一般是多家窑户合烧，大窑户烧几股，小窑户几家拼烧一股，凑满一窑数后合租共烧。

## 倒焰窑

倒焰窑是一种间歇式火焰窑炉。燃烧时火焰会从燃烧室的喷火口一直上行至窑顶，而窑顶是密封的，火焰到了最顶端会受到阻碍，此时火焰便会经过匣钵柱的间隙，自窑底吸火孔进入烟道，最后由烟囱排出，因而被称为倒焰窑。

倒焰窑有两大优点。第一个是加热比较充分均匀。原因是其火焰从喷火口出来，在不断上升的过程中，通过对流、辐射可以对烧制品进行均匀加热；当火焰到达窑顶时，又对顶部制品进行加热，然后受阻向下，在下行时又通过对流、辐射对制品进行一次更充分的加热，使窑内四面八方的热度都很均匀。第二个是适应性很强。因为是间歇式的，所以可以根据不同的制品来调节烧制温度，这一点是其他窑无法实现的。

但倒焰窑也有缺点，一个是由于装窑、出窑均在窑内操作，故劳动强度大；另一个是热量损耗大，既浪费能源，增加烧制成本，又容易污染环境。

**紫婉**
规格：180cc
材质：紫泥

**钟韵**

规格：400cc

材质：紫砂泥

**合菱壶**

规格：350cc

材质：紫泥

## 隧道窑

隧道窑是一种连续式窑炉，紫砂制品的装、烧、冷、出等工序如同流水线一般在窑内完成。隧道窑的外形是一条长的直线形隧道，两侧及顶部以固定的墙壁及拱顶相围，底部铺设的轨道上运行着窑车。焙烧部分设在隧道窑的中部两侧，构成了固定的高温带，也就是烧成带，燃烧产生的高温烟气在隧道窑前端烟囱或引风机的作用下，沿着隧道向窑头方向流动，进入窑内的制品就可以慢慢预热，这一段就是隧道窑的预热带。在隧道窑的窑尾鼓入冷风，烧制完成的制品到了这一段就会被冷却，鼓入的冷风流经制品后会被加热，热风会被抽出送入干燥器用来干燥生坯，这一段就是隧道窑的冷却带。隧道窑的优点是节约时间，产量大，成品率高，热效率高，机械化、自动化操作程度高，节省燃料，并大大减轻了人的劳动强度，改善了劳动条件，适合大批量生产。隧道窑的缺点是建造所需材料和设备较多，因此投资较大；对于不同制品必须全面改变焙烧工艺制度；对生产技术有很高的要求；窑车易损坏，维修工作量大等等。

**菱花石瓢**

规格：350cc
材质：紫泥

## 瓦斯窑

瓦斯窑可分为三种，分别是梭式窑、推板窑、隧道窑。它们有各自的烧成曲线，控制方法也不同，但基本上是以温度、时间来控制的，根据烧成时段的规定温度，适当调节气阀和风门使燃料的燃烧值最高，均匀燃烧而达到需求温度。

## 电窑

电窑是现代常使用的一种烧窑新方法，又称电阻炉。电窑的工作原理是通过电热元件把电能转化为热能，工作时炉温可达1200~1600℃。电窑结构简单，占地面积小，窑内空间紧凑，热强度高，热能利用率高，烟气及灰渣不会影响窑内的紫砂制品，窑温易于调节监测。用电窑烧制紫砂壶，生产周期很短，能烧制不同规格的陶瓷制品，而且成品质量也很好。箱式电阻炉适于烧制单个或小批量的大、中、小型紫砂壶。

**线圆菱壶**

规格：240cc
材质：紫泥

# 第四章
# 琳琅满目——紫砂壶的造型工艺

## 紫砂壶的造型

### 几何形体紫砂壶造型

几何形体紫砂壶造型又被称为光货。光货造型最重要的是器皿的立面线条和平面形态的变化，以及形体各部位之间的比例关系，也可辅以一些简洁的线条装饰。几何形体紫砂壶可分为圆器和方器两种。

**圆器畅香**
规格：450cc
材质：紫砂泥

圆器造型的基本要求是"圆、稳、匀、正",要"柔中寓刚"。质量上乘的紫砂壶圆润之中要有变化,壶体本身以及附件的大小、曲直要匀称,比例要适宜,整个造型给人以端正挺括之感。紫砂圆器茶壶的代表造型有掇球壶、仿古壶、汉扁壶等。

方器主要由长短不同的直线组成,包括四方壶、六方壶、八方壶、长方壶等。方器造型讲究"方中寓圆",要求线面挺括平正,轮廓线条分明,具有挺秀的阳刚之美。

紫砂方器无论制作成几方,口盖必须规划统一,无论壶盖转动到哪个方向,口盖都应严丝合缝。紫砂方壶的代表有四方桥顶壶、传炉壶、僧帽壶、雪华壶等。

**圆器一粒珠壶**
规格:240cc
材质:紫砂泥

**方器名仕四方**
规格:500cc
材质:紫泥

**花货桃趣壶**

规格：400cc

材质：紫砂泥

## 自然形体紫砂壶造型

自然形体紫砂壶造型就是我们常说的花货。花货的造型来源于植物、动物的自然形态，它最能代表制壶艺人的匠心独运，以造化为师。为了模拟动植物的自然形态，自然形体紫砂壶造型会用到浮雕、半浮雕等装饰。花货的造型主要从自然形态变化之中提炼取舍而来。另外还会用到雕、镂、捏、塑的手法，将自然形态变化为造型的部件，如壶的嘴、把和壶盖上的钮等。

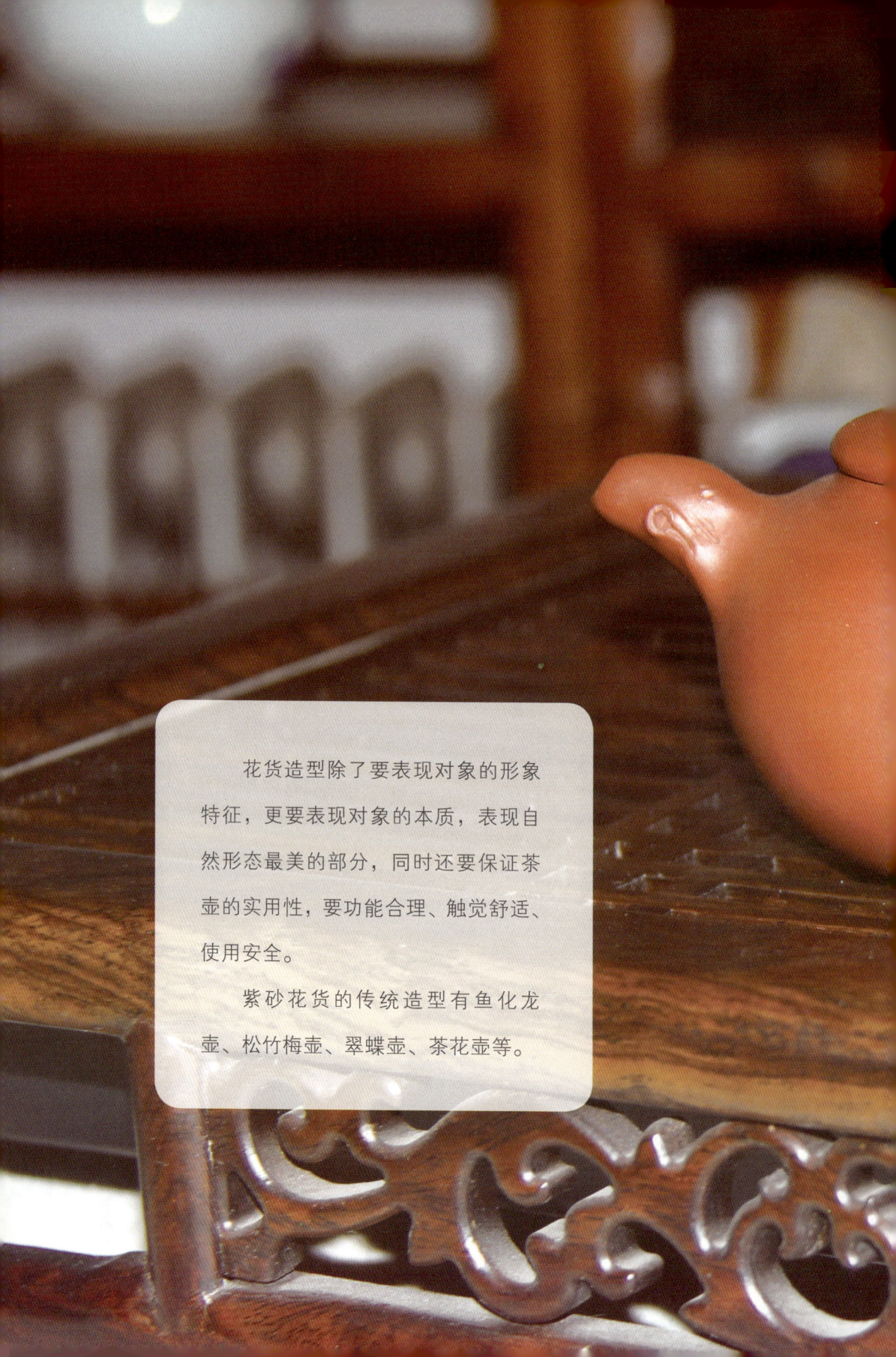

花货造型除了要表现对象的形象特征，更要表现对象的本质，表现自然形态最美的部分，同时还要保证茶壶的实用性，要功能合理、触觉舒适、使用安全。

　　紫砂花货的传统造型有鱼化龙壶、松竹梅壶、翠蝶壶、茶花壶等。

**小花器**

规格：240cc
材质：紫泥

## 筋纹器紫砂壶造型

筋纹器紫砂壶造型是将花木形态规则化，结体精确严格，制作精巧的一种造型类别。

筋纹器紫砂壶造型就是将形体分作若干等分，把生动流畅的筋纹组成到精确严格的结构之中，形成一个和谐的整体。造型中筋纹随着造型形体的不同而有所差异，深浅、疏密变化得体。制作筋纹器，要求口盖的精准性，任意调换壶盖的方向合到口上，都能吻合的才是好壶。

筋纹器的常见造型有合菊壶、瓜菱壶、玉兰花壶、水仙花壶、葵花壶等。

**筋纹器菊八瓣**
规格：450cc
材质：紫砂泥

**筋纹器香瓜壶**
规格：550cc
材质：紫砂泥

水平壶
规格：200cc
材质：紫泥

## 水平壶造型

　　水平壶造型与一般茶壶有些差异。水平壶是一种小型壶，在我国广东、福建一带人们用它来冲泡工夫茶，在东南亚一些国家和地区的使用率和收藏率比较高。工夫茶不同于其他茶，冲泡时壶内要放很多茶叶，仅用开水冲泡，不能得到彻底的茶味，还必须将茶壶放在茶碗或茶海内，用沸水浇淋茶壶外表，使茶壶浮在热水中，使壶在热水中保持平衡。所以工夫茶多用水平壶来冲泡。水平壶的壶嘴一般是直形嘴，以利于使用及生产。

　　常见的紫砂水平壶有线圆水平、扁雅水平、汤婆水平、线瓢水平、什锦水平等，造型美观，制作考究，深受紫砂壶爱好者青睐。

## 曼生壶

在紫砂壶的发展历史上，曼生壶占有举足轻重的地位。曼生壶是一种带有文人情趣的茶壶，制壶工艺与文人风雅完美地结合在一起，将紫砂壶的艺术性推向顶峰，它的出现具有里程碑式的意义。曼生壶产生于清代嘉庆年间，由文人陈曼生和一群懂书画、金石的幕僚设计，制壶高手杨彭年、杨宝年、杨凤年兄妹等制作。曼生壶不仅在壶式设计中饱含了文人的巧思和雅趣，在制作中还根据壶式的不同，选择不同的泥质，做出天青、黯肝、朱砂、梨皮、调砂、团泥等不同颜色肌理。

曼生壶器形简洁大方，多为几何形，大体上可分为四类：第一类是从古代铜器、秦砖汉瓦中得到灵感的壶型，如借鉴铜镜器形的"镜瓦壶"，借鉴铜水吊器形的"石铫壶"，借鉴秦砖汉瓦而设计的"飞鸿延年壶""半瓦壶""砖方壶"等；第二类是仿生活中的器型，如"合斗壶""柱础壶""井栏壶""台笠壶""钿合壶""合欢壶"等；第三类是借鉴动植物形态创制出来的，如"匏瓜壶""葫芦壶""圆珠壶""天鸡壶"等；第四类是按照器用功能创制的壶型，如"古春壶""吉直壶""春胜壶"等。曼生壶是一种实用性很强的紫砂壶，茶壶的容量大小、高矮尺度、嘴把配置都十分讲究。曼生壶的种类十分丰富，具体数量目前并未有定论，经学者研究考据，历代文献中所记载的曼生壶式多达38种，有详细图名的就有18种。

**曼生式瓠瓜生壶**

规格：240cc

材质：紫泥

**曼生式合欢生壶**

规格：240cc

材质：紫砂泥

**曼生式葫芦壶**

规格：350cc

材质：紫砂泥

## 其他壶式

除了上述常见的式样外，还有一些其他壶式，如一粒珠壶、竹段壶、仿古壶等。

### 1. 仿古壶

有人认为仿古壶由清代邵大亨初创，本来是仿照鼓的形态所创制，后人仿制这种壶形就成了仿古代壶型的意思了。又有人认为仿古壶乃近代赵松亭按吴大澂授意所作，身扁、腹鼓、颈高、盖板平滑，壶盖与口沿子母线非常贴合，钮为扁圆状，二弯流，圆形耳，把匀势而起等。

**仿古壶**

规格：220cc
材质：红泥

### 6. 井栏壶

从名字中不难发现，井栏壶的造型源于井栏。井栏壶壶型的特点是短流，圆把，其流短小而偏上身，出水甚好。井栏壶端庄典雅，圆润中透着古拙韵味。

**掇球壶**

规格：400cc

材质：紫泥

4. 掇球壶

掇球壶是几何型传统圆壶中的典型代表，是最受紫砂壶爱好者青睐的优秀款式之一。它的造型中最显著的特点是壶钮、壶盖、壶身分别由小、中、大三个球体组成，壶腹为大球，壶盖为小球，似小球掇于大球上，故称掇球壶。

5. 秦权壶

秦权壶创制于清代后期，创制者为林园。形制为秤砣式，短流，环耳形把手，嵌盖微鼓，钮似桥顶，整体风格简洁、古拙。

3. 西施壶

其实，准确地说，西施壶应该叫西施乳壶，简称西施或西施乳。在紫砂壶的相关史料中对此壶型有明确记载。徐友泉大师是这种壶型的创制者。

西施壶的壶型若美女西施之丰乳，流短而略粗，把设计为倒耳形，壶盖为截盖式，壶底近底处内收，一捺底。因后人觉西施乳不雅，所以一般称为西施壶。

**西施壶**

规格：220cc
材质：紫砂泥

石瓢壶

规格：350cc

材质：紫泥

2. 石瓢壶

清代后期曼生壶中出现了石瓢壶。这种壶的壶身为圆台形，盖为平顶式，钮为桥式、直流，壶柄为牛舌式，造型古拙，常用刻绘装饰。

第四章　琳琅满目——紫砂壶的造型工艺 | 095

**井栏壶**

规格：430cc
材质：紫砂

## 7. 容天壶

容天壶的创制灵感源于佛教中的大肚罗汉，壶名的寓意是"肚大能容天下事"。容天壶由吕尧臣创制，早期作品壶型较低，后来有所增高。要体现此壶的气韵并不是一件容易的事，需要制壶人用心体会。容天壶的壶身气韵饱满，壶颈较矮，壶盖增高成半球状，平添拙朴雅趣。容天壶出水效果极佳，实用性极强。给人的整体感觉是稳重大度，质朴深沉。

**容天壶**
规格：300cc
材质：红泥

**瓦当壶**

规格：300cc
材质：紫砂泥

8. 瓦当壶

紫砂壶中有不少造型都是模仿古代器物制成的，瓦当壶就是其中之一。其借鉴了汉代瓦当式样，造型独特，以几何线条为主，线条流畅精确，给人规范有致之感，壶身多有铭文。

**鹧鸪提梁壶**

规格：400cc

材质：紫砂泥

9. 鹧鸪提梁壶

此壶出自顾景舟之手，壶身为扁圆形，把手为见棱见方的三柱高提梁。此壶从侧面望去犹如一只飞翔的鸟儿的头部，故名鹧鸪提梁壶。

10. 洋桶壶

洋桶壶是较常见的一种紫砂茗壶。紫砂洋桶壶初创于清末民初，因其造型简练，泡茶效果好，适宜把玩，又便于提携，因此在当时非常流行，成为紫砂光货素器类经典作品之一。

**洋桶壶**

规格：500cc

材质：紫砂泥

11. 僧帽壶

僧帽壶出现于元代，因壶口形似僧帽，故得此名。其造型为口沿上翘，前低后高，鸭嘴形流，壶盖卧于口沿内，束颈、鼓腹、圈足、曲柄。僧帽壶具有典型的少数民族风格，起初是专供佛教僧侣使用的，后来，僧帽壶普及开来，人们开始广泛使用。

**僧帽壶**

规格：400cc

材质：紫砂泥

## 12. 思亭壶

思亭壶是由清初制壶好手陆思亭所制，壶身如葫瓢，弯嘴自腹向上胥出，圈把秀丽，高虚盖与壶口相切，呈一完整的器体。思亭壶创制初期，壶嘴曲度较小，流口简练，在盖口墙沿有用竹刀刻的落款，笔致较为工整。随着时间的推移，思亭壶发生了变化，风格变得柔美，曲线明显，流口较尖，署款的风格也多了起来，有竹刀写刻，也有钢刀双钩刻，但钤印者比较少见。

**思亭壶**
规格：330cc
材质：紫砂泥

**纳福一粒珠壶**

规格：350cc

材质：紫砂泥

### 13. 一粒珠壶

一粒珠壶是紫砂壶中的代表壶式，相传为惠孟臣所创。壶体为圆球形，无颈，壶盖为嵌入式，盖钮为小圆珠式，三弯式管状流，大圆形壶柄，精工细作，多采用大红泥料，色泽朱红。

**松段壶**

规格：400cc

材质：紫砂泥

### 14. 松段壶

　　松段壶的壶身宛若一截松段，结构极合理，比例严谨，整体气势古朴，挺括俊秀，有神韵，形象逼真；其壶盖为嵌入式，口盖严丝合缝，盖呈不规则形，有年轮效果。盖钮为开叉的松枝或松叶形，壶嘴与把手均塑成老松枝之形，与壶身融为一体，质朴古雅。

## 15. 竹段壶

竹段壶的壶身借鉴了竹筒的形态，体现出竹子的精神气质。壶盖采用嵌入式或虚嵌盖，壶流、壶柄也都塑成竹枝之形。

**竹段壶**

规格：450cc

材质：朱泥

16. 四方壶

四方壶分为两种，分别是高四方和矮四方，壶流和壶把均安在四方体的对角线上。

17. 龙蛋壶

龙蛋壶因壶身与壶盖整体看起来像一只蛋而得名，也称蛋形壶。

**龙蛋壶**
规格：400cc
材质：紫砂泥

**龙头一捆竹壶**

规格：500cc
材质：紫砂泥

18. 龙头一捆竹壶

龙头一捆竹壶由清代制壶名家邵大亨所制，灵感源于一个非常动人的传说。相传，龙王到东海地区巡视，路过一个地方，见到那里的人生活非常清贫，但民风淳朴，龙王就叫他的儿子送来一样既能吃又能用的东西，以解决当地百姓的疾苦。龙王的儿子遵照父亲的旨意带来了一种生长在大海中的叫"竹"的植物，他捆上一捆，绑在自己的龙头上送给了当地百姓。龙头一捆竹壶正是诠释了龙与竹的这种关系。

## 一代宗匠——邵大亨

　　邵大亨（公元1796—1861年），清代道光、咸丰年间宜兴制壶名家。传世作品有《一捆竹壶》（藏于南京博物院）、《鱼化龙壶》《掇球壶》《风卷葵壶》等，皆为紫砂壶精品。他在少年时就很出名了，是继陈鸣远之后的一代宗匠。他制的壶朴实庄重，气势不凡，"力追古人，有过之无不及也"，将紫砂艺术质朴典雅的气韵展现得淋漓尽致。他的作品在清代已被嗜茶者及收藏家视为珍宝，有"一壶千金，几不可得"之说，可见当时其壶艺声誉之高。

**邵大亨鱼化龙壶**

规格：400cc

材质：紫砂泥

### 紫砂壶的构成

　　紫砂壶是由口盖、壶身、底、足、嘴和壶钮构成的，各个部件的造型变化多样。

**六水铜铃**
规格：500cc
材质：老紫泥

## 口盖

口盖的造型分三种。

一是嵌盖，又可细分为平嵌盖和虚嵌盖，质量上乘的佳品能达到"准缝无纸发之隙"的水准。

二是压盖，即覆压于壶口之上的样式，可分为方、圆两种。压盖式的壶盖直径比壶口面的外径稍大一些，俗称"天压地"。

**周奇鸣汉铎壶（嵌盖）**

规格：400cc

材质：紫砂泥

**柴炉壶（压盖）**

规格：220cc
材质：青水泥

三是截盖，是同一曲线或直线组成的形体分割为壶盖和壶体，如梨式壶、茄段壶。截盖造型简练、完整，制品要大小适合，外轮廓线也要互相吻合，所以对制壶艺人有较高的要求。

另外，壶盖上的通气孔大小要适宜，气孔形状应内大外小，呈喇叭形，这样不容易被水气糊住，注茶时空气能及时进入壶内。

**鼓子如意（截盖）**

规格：550cc
材质：紫砂泥

**大亨掇球壶**

规格：200cc

材质：紫泥

### 壶身

  紫砂壶器形构成要素中最引人注目的部分是壶身。紫砂壶的壶身形状多种多样，且具有鲜明的时代特征，年代越久远的，形体越大。明代紫砂壶壶身一般较大，带有简洁沉稳的气韵；清代紫砂壶壶身变小，小壶成为流行趋势。当代紫砂壶的壶身更是变化多端，不拘一格。

**双环壶（三弯嘴）**

规格：500cc
材质：紫砂泥

## 嘴

壶嘴（也叫壶流）的类型有一弯嘴、二弯嘴、三弯嘴、直嘴和流嘴五种。处理壶嘴的工艺应注意以下两点。

第一，壶嘴造型要适合水流曲线，壶嘴的长短、粗细和壶身匹配，并安装在壶体的适宜位置。

第二，壶嘴内壁要处理好，要光滑，以保证出水顺畅，壶身出水网眼要多而爽。

紫砂壶的出水眼也有独眼、网眼和半球体滤孔之别，随着饮茶习惯的改变，这些细节也都在不断变化。

**鼓韵（直嘴）**

规格：450cc
材质：紫砂泥

**云肩如意**

规格：300cc
材质：紫砂泥

## 壶 钮

　　壶钮又名的子，是为了方便取用壶盖而设置的。壶钮虽小，但在整个壶中有画龙点睛的作用，其样式多变，是茗壶设计的关键部位。壶钮的形式有多种，包括球形、桥形、牛鼻形、瓜柄形、树桩形及肖形动物等。形制高的紫砂壶常用圆球形壶钮，矮的用桥形壶钮，而花货则多用瓜柄形、肖形动物。

1. 桥形钮

桥形钮与拱桥相像，一般有圆柱状、方条状、筋纹如意状等。钮作环形，设单环、双环，亦称串盖。还有一种常被称为牛鼻盖，特点是盖面平缓，环孔硕大。

2. 球形钮

圆壶中球形钮最常见，呈珠形、扁笠、柱形，通常是缩小版的壶身造型，制作中采用"捻摘子"工序，搓、转、压挤而成，简便快捷。

3. 瓜柄形钮

制作花器时，为保证整体美感常用瓜柄形钮，如南瓜柄、西瓜柄、葫芦旁附枝叶等，造型形象生动、美不胜收。

**线圆壶（桥形钮）**
规格：330cc
材质：紫砂泥

**扁韵（球形钮）**
规格：400cc
材质：紫砂泥

**龙行天下（动物形钮）**

规格：400cc

材质：底槽清

### 4. 动物形钮

动物形钮的灵感源于印钮。常见的有狮、虎、龙、鱼等钮式，写实、抽象变形、仿古手法并举，要求与主体和谐统一。

### 5. 树桩形钮

树桩形钮的取植物或瓜果的形态捏制而成，如梅桩、竹根、葡萄等。

### 6. 其他

随着时代的发展，新的陶艺形式不断涌现，人们的创新思想也越来越多地应用在紫砂壶的创制中，有以壶边大于口取代壶钮的，有盖与钮融为一体的，等等。

花器（瓜柄形钮）

规格：200cc

材质：降坡泥

## 壶把

紫砂壶设计好后，为了便于提拿，还要安装壶把。壶把的位置一般置于壶肩至壶腹下端，与壶嘴位置对称。紫砂壶的壶把样式主要有三种，分别是端把、横把、提梁。

1. 端把

又名圈把，是紫砂壶中最常见的壶把样式。端把使用方便，富于变化。

（正）

**半瓢壶（端把）**
规格：350cc
材质：紫砂泥

（背）

**大彬提梁壶**

规格：500cc

材质：青水泥

2. 横把

安装在壶身上，与壶嘴呈90度，横把多置于圆筒形壶上。横把是比较少见的一种壶把样式。

3. 提梁

提梁是壶把的一种特殊样式，安装在壶体上方，有多种不同的样式，装饰性强。提梁还可细分为两种，分别是硬提梁和软提梁。硬提梁与壶身连为一体，非常美观，透出一种高雅之气，但所占空间较大。软提梁也就是活络提梁，制坯时在壶的肩部做一对用来安装提梁的系纽。壶烧成后，可将金属丝、管、细藤条、细竹根等装在系纽上来做提梁。软提梁虽不像硬提梁那样与壶身融为一体，但可拆卸，便于包装运输。

## 底足

底足形式有三种，分别是一捺底、加底和钉足。粘接制作方式有明接、暗接两种。用一捺底处理的圆器造型紫砂壶，给人以简练、灵巧之感。壶体成型后在壶底加上一道泥圈就是加底，也叫挖足。钉足源于铜器鼎足，用钉足支架壶体，稳而不滞透出灵气。钉足有高矮之分，一般底大口小的壶类造型才会用钉足。

底足也是紫砂壶造型的重要组成部分，底足的形式与尺寸的大小，都会对紫砂壶的造型美观度和放置是否稳当产生影响。所以底足要处理好，这样紫砂壶成品才能集实用性和装饰性于一体。

**四脚筋纹如意（钉足）**
规格：280cc
材质：紫砂泥

**恒海（加底）**
规格：420cc
材质：紫砂泥

## 第五章
# 锦上添花——紫砂壶的装饰工艺

　　紫砂壶的装饰和室内装饰有许多相通之处，装饰得当，则使壶锦上添花，更具美感，更富情趣；装饰不当，反而显得不伦不类。

　　在紫砂壶的装饰上，即便说制壶家们借鉴了中国古往今来各种工艺美术的技巧也不为过。通过对各式紫砂壶的鉴赏，不难发现，古往今来，宜兴壶使用的装饰手段丰富多样，包括镂空、雕塑、刻绘、镶嵌、描金、泥绘、调砂、釉彩绘、嵌金银等，令人眼花缭乱。有的紫砂壶还结合了不同的装饰手段。许多古今文人都酷爱紫砂壶，他们又将书法、绘画艺术表现在宜兴壶上作为装饰。

**秦权壶**
规格：450cc
材质：紫砂泥

## 精雕细塑，独具匠心

　　紫砂壶中的花器常会用到雕塑装饰。比如，清代有一件造型独特的紫砂壶，其壶盖上的卧狮前塑上了可转动的球，寓意为狮子舞绣球，具有浓厚的民俗色彩。紫砂壶的壶盖上还常见雕有一头卧牛或蹲踞一头雄狮的造型。比如民国时期的制壶大师江案卿创制的狮球壶，威武雄健的雄狮卧在制成绣球的壶身上，鞠球状的壶身与壶盖上卧着的雄狮融为一体，精妙绝伦。

**卧虎藏龙**
规格：400cc
材质：紫砂泥

**仿清提梁壶**

规格：500cc
材质：紫砂泥

## 宝石镶嵌，繁复描金

清代康、雍、乾时期，镶嵌、描金工艺流行起来。乾嘉年间，宫廷的审美风格也影响到了紫砂壶的装饰工艺，人们开始用镶嵌和描金手法装饰紫砂壶。镶嵌和描金装饰较为富丽堂皇，被广大文人雅士接受，其中一些壶的装饰格调较高。

具体来说，紫砂壶镶嵌指的是借鉴铜器"金银错"工艺而形成的装饰技法。紫砂壶的镶嵌就是将翡翠、绿松石、青金石、珊瑚、玛瑙、象牙等天然材质镶嵌在紫砂壶上，给人一种华贵精致之感。其方法是先在紫砂壶坯上刻阴纹，烧成后再嵌入金、银、铜等装饰物，修整光滑后，朱紫色的壶身上展现出各种装饰。紫砂壶上的镶嵌装饰包括金银丝镶嵌、色泥镶嵌、釉珠镶嵌、螺钿镶嵌、玉石镶嵌等。

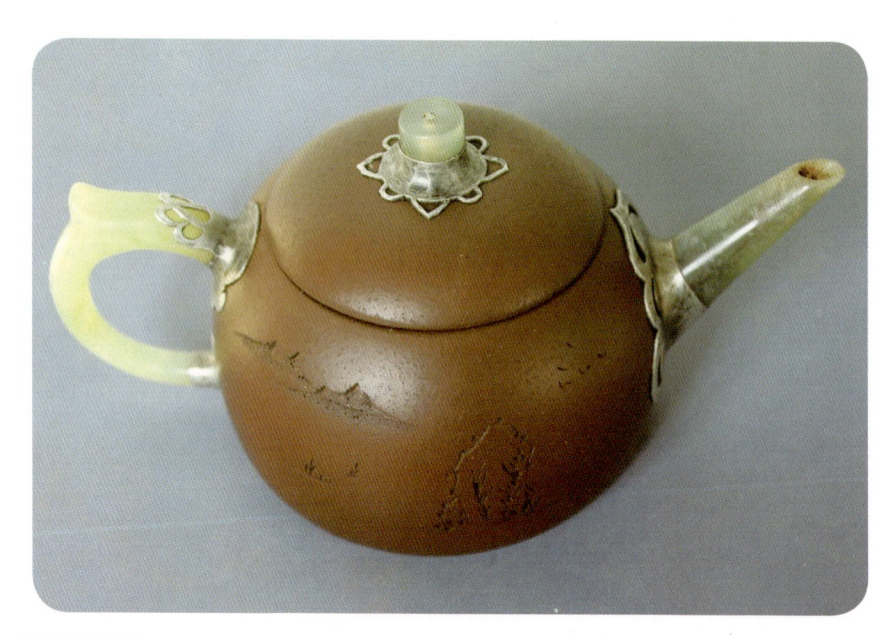

**镶玉紫砂壶**

规格：300cc
材质：紫砂泥

**描金紫砂壶楚汉风云**

规格：400cc
材质：紫砂泥

　　描金装饰是先在准备描金的纹样处涂上一层底釉，用750~800℃的高温烧制，再用金水在釉纹上描画，然后用稍低的温度进行第二次烧制。制作描金紫砂壶大都需要两个人合作完成，一人专门制壶，一人专攻书画，因此通常会看到描金壶上会有两个人的名字。字画作者在字画后留铭，壶作者在壶底落款。描金紫砂壶常用竹节形、圆弧形等壶式，壶形优美典雅。由于描金壶工序繁杂，成本高，因此数量较少。

## 本土调砂，金星点点

调砂，又名桂花砂，是一种宜兴本土原创的装饰手法。这种装饰源于明代。起初，调砂是将一种金黄色的粗砂掺入紫砂泥中，然后用这种混合泥做成壶或茶叶罐，这样烧制出的成品金星点点，宛如夜空中的满天繁星，令人引发无数遐想，使用日久，魅力不减。

**抽角四方传炉（调砂）**
规格：320cc
材质：桂花泥

**紫砂壶（桂花砂）**

规格：320cc
材质：桂花砂

  后来，有的艺人改变了制作方法，将适量粗砂铺在泥凳上，把湿泥条压在粗砂上，以使壶面上挂满桂花砂。还有的艺人用手粘桂花砂为壶面挂砂，这种方法对制壶者的审美眼光有较高要求，质量上乘的作品应是桂花砂自然而美观地呈现，无丝毫人工雕琢之感，否则就得不偿失了。

## 绮丽泥绘，惟妙惟肖

紫砂泥颜色丰富，宜兴陶艺师便巧妙地利用紫砂泥这个特性，以泥在紫砂壶上作画。比较常见的是用黄泥作"画料"，在宜兴壶、罐、盆、笔筒等器物上绘画。宜兴陶艺家利用本土资源，通过泥绘的手段装饰紫砂壶，这种奇思妙想令人惊叹，毫不夸张地说，泥绘艺术是全球陶瓷界中的一朵奇葩。

**泥绘紫砂壶**

规格：250cc

材质：紫泥

**尹仲君追求**

规格：300cc
材质：紫砂泥

    杨季初大师制作的紫砂笔筒是泥绘中的杰作，这件珍品至今还收藏在故宫博物院中。这个笔筒上的泥绘作品是一幅写意画，画中将人物焦急地候船以及河两岸的美景表现得惟妙惟肖。杨季初的泥绘带有典型的文人气质。除此之外，泥绘中更常见的一类作品则是本地艺人借用明清以景德镇为代表的民窑青花艺术的特色，挥洒自如地以紫泥为"纸"，在上面描绘江南水乡的风景人物，非常贴近民间日常生活，因此深受民众喜爱。

## 绞泥装饰，视觉冲击

明末清初，市场上出现了一类绞泥的紫砂器，这种绞泥的工艺是外来的。

何谓绞泥？就是将几种不同的泥分别打成泥片，然后叠放在一起一绞，再横向切绞过的泥，重新拍泥片，这样泥料就会呈现出不同色泽融合的纹理，绞泥变化多端，非常耐看。近年也有用绞泥薄片贴在壶身上做装饰的做法，是通体绞泥还是绞泥贴片，我们可以通过看壶内来分辨，内外花纹一致者为通体绞泥。绞泥装饰需要制壶者有较高的审美水平，同时具备娴熟的技法。只有审美情趣高、技法娴熟多变的制壶艺人才能制作出精妙绝伦的紫砂壶。而不顾壶型，乱以绞泥装饰的做法会因小失大，倒不如不做。

**圆润**
规格：450cc
材质：绞泥

**金线龟**
规格：400cc
材质：绞泥

**雨露**

规格：320cc

材质：清水泥

## 刻字刻画，格调高雅

刻字和刻画是宜兴壶中很常见的一种装饰方法，嘉庆时期的名士陈鸿寿对用此法装饰宜兴壶作出了很大贡献。陈鸿寿痴迷宜兴壶，与文友设计了多款壶式，如石瓢、井栏、合欢等造型，深受世人喜爱。

陈鸿寿本人是篆刻家、书法家，他与朋友喜欢在紫砂壶上铭刻，后来这种在壶上刻字、刻画的行为就流行了起来，甚至铭刻紫砂壶成了一个行业，有专业从事刻字画的人，人们通常称他们为"刻字先生"。

**八方招福壶**

规格：550cc
材质：紫砂泥

**华颖壶**

规格：400cc
材质：紫砂泥

　　有些紫砂壶上的字画乃高手刻成，刻画的内容格调很高，富有美感，美感度甚至超越了壶本身。也有一些制壶艺人，看到市场上流行这种装饰手法就盲目地请刻字者在壶上铭刻字画，但由于审美水准不高，字画搭配不当，反而影响了壶的品质。因此，紫砂壶的装饰应恰到好处，不能强行为了装饰而装饰。

## 精巧镂空，富丽堂皇

　　清乾隆年间，繁琐精巧、富丽堂皇的装饰风格大受欢迎，这种风气也对紫砂壶的装饰产生了一定影响。此时期，一种壶身镂空的装饰方法悄然兴起，但由于工艺太繁琐，又极容易损伤，因此几乎没能流传下来。近年来仿古紫砂壶流行起来，与清中期工艺相似的镂空紫砂壶又得以出现在世人眼前，但数量仍旧稀少。

**八面玲珑葡萄桩**
规格：450cc
材质：紫砂泥

**三镶壶**

规格：220cc

材质：紫砂泥、玉、锡

## 特殊装饰，别具一格

### 三镶壶

在宜兴壶的制作历史上，出现过以锡来包壶的情况，还出现过以玉、锡、红木为紫砂壶装饰的情况，我们称之为三镶壶。三镶壶的出现主要是因为有些壶残了，壶主人便请人以金、银等贵金属包镶盖沿、盖口或壶把、壶嘴等。如果包镶师傅的审美眼光高而又技法娴熟，则能掩盖原壶的残缺并增加美感。

### 釉彩绘

清康熙年间，有人在紫砂壶上施以满彩之珐琅彩，人们便开始争相效仿。台北"故宫博物院"藏有一把完整珐琅彩紫砂壶，北京的故宫博物院曾展出过唯一一件重残的珐琅彩壶身桶。

清乾隆年间，粉彩大量出现，紫砂壶的釉彩绘应是景德镇陶瓷工艺与宜兴紫砂工艺交流所产生的。到现在，依然有从事陶瓷彩绘的艺人。

**万紫千红**

规格：350cc
材质：紫砂泥

**釉彩绘紫砂壶**

规格：400cc

材质：紫砂泥

　　以彩绘装饰的紫砂壶风格可分为两类。一类是仿照官窑的釉彩绘紫砂器，其装饰风格较为华丽，与质朴的泥胎不是很搭配；另一类与民间粉彩艺术有相似之处，画面通常表达的是丰富的民间生活，其中一种以草色的蓝釉所绘的画面与民间青花很相似，深受世人喜爱。

第五章　锦上添花——紫砂壶的装饰工艺 | 141

满彩釉装饰的紫砂壶有一定的观赏价值，但与普通紫砂壶相比其沏茶效果不是很好，因为釉水将泥壶中的透气孔眼堵死了，因此一些喜爱饮茶的人不喜欢这类壶。但作为装饰，应以较客观的审美标准去评判。

彩釉装饰的紫砂器中，价格最昂贵的是"炉钧釉"壶，主要是因为其数量稀少。

**釉彩绘紫砂器**

规格：400cc

材质：紫砂泥

**竹报平安**

规格：400cc

材质：紫砂泥

## 雕漆

有一种装饰技法是以紫砂壶为内胎，在紫砂壶表面髹几十道大漆，再用刻刀在漆层上加工出精巧玲珑的花纹图案。这种特殊的装饰技法主要用于宫廷紫砂壶，民间很少见，数量稀少。

紫砂壶给人的整体感觉是质朴古老，因此其主流的格调是素简朴拙。但如果能通过恰当的装饰凸显紫砂材质的优势，以满足不同情趣的爱茶者、藏壶家的需要，会更受欢迎。正因如此，紫砂壶的装饰具有明显的时代特征。另外，紫砂壶的装饰应该和紫砂壶本身搭配得当，融为一体，不要一味追求华丽，也不要为了装饰而装饰。让人百看不厌的作品才是上品。

**佛手**

规格：320cc
材质：段泥

简单来说就是，凡孤品、珍品、妙品皆属历史上的名人名作，或非名家制作出的质量上乘的作品。由于有永恒的文物价值，这几种紫砂壶不仅能保值，还会有较大的升值空间。佳品则多为当代有名或无名者的作品，可以保值，将来也会有升值空间。

**传炉壶**
规格：450cc
材质：紫砂泥

**四方祥瑞**
规格：320cc
材质：朱泥

## 收藏之用

在收藏紫砂壶的过程中，业内人士将宜兴壶大致分为四大类，即孤品（绝品）、珍品、妙品、佳品。孤品很好理解，就是独一无二的物品；珍品为各历史时期制壶艺人制作的优秀作品；珍品中如果有泥色独特、工艺精巧、造型奇特的，则可称为妙品；而一般的名家与非名家制作的泥佳、形美、工良、火好的壶则属于佳品。

# 第六章
## 指点迷津——行家选壶技巧

### 明确选购目的

近年来，紫砂壶越来越受欢迎，产销两旺，市面上的紫砂壶种类越来越多，令人目不暇接，这给紫砂壶的鉴赏、选购带来了诸多不便。怎样才能买到一把泥料正宗，观赏价值与实用价值兼具的紫砂壶呢？这就要求人们在选购过程中目的明确，根据不同的目的来选购。

**合欢**
规格：300cc
材质：紫砂泥

## 第三部分
# 选购收藏篇

（正）

**柿圆壶**
规格：450cc
材质：紫砂泥

（反）

## 泡茶之用

紫砂壶既可以用来泡茶，又可以用来把玩、欣赏。所以，一把高质量的紫砂壶，其实用性、工艺性和艺术性都应该具有高水准。

如果购买紫砂壶主要是为了沏茶自用，应依据个人的饮茶习惯选购，可以从以下几方面加以斟酌。

（1）壶的容积合适；

（2）壶把执握舒适，便于端拿；

（3）壶嘴出水顺畅。

### 把玩之用

如果除泡茶以外，购买者还喜欢把玩紫砂壶，那么除了注意实用性以外，紫砂壶的美观度也不可忽视。一把富有艺术性的紫砂壶，其流、把、钮、盖、肩、腹、圈足都应与壶身整体比例协调，点、线、面的过渡转折也应自然流畅，满足"形雅、泥佳、工良、火好"要求的紫砂壶自然就是佳品了。

**平盖莲子壶**
规格：280cc
材质：紫泥

水扁壶

规格：400cc

材质：紫泥

**赠送之用**

　　紫砂壶外形雅致，泡茶效果好，是赠送亲朋的佳选，但要注意南北风俗有异，饮茶习惯不同，送壶应有所区别。

福建、广东一带的人喜欢饮工夫茶，工夫茶用小品壶冲泡效果最佳，尤其孟臣款水平壶在潮汕地区特别受欢迎。长江两岸的人们最爱喝绿茶，馈赠宜选择容量大于250毫升、壶形较扁的壶。北方人钟爱喝花茶、绿茶，宜选择容积较大的圆形紫泥壶。四川人喜欢用盖碗泡茶，赠一对紫泥或红泥的盖碗是不错的选择。而如果赠送对象是台湾亲友，可以用一些紫砂公道杯、小茶海、茶玩等器具代替紫砂壶，原因是近些年来，台湾地区紫砂壶异常火爆，台湾玩壶行家数量众多，且台湾地区人均拥有紫砂壶的数量也非常高，古董壶、老壶的拥有量也是非常惊人的。

**思亭壶**

规格：400cc
材质：紫砂泥

**福禄寿壶**

规格：350cc

材质：红泥

另外，紫砂壶还可以赠送国外的朋友，不同国家的人喜欢的紫砂壶样式也不同。例如，日本人喜欢侧把壶和壶流内安置有球孔的紫砂壶；韩国人喜欢造型古拙的壶式，如梨壶、西施壶、石瓢壶、仿古壶等；欧美人喜欢带有装饰、风格富丽的紫砂壶，如带有彩绘、描金、镶嵌、雕塑等传统装饰的壶。

**石瓢壶**

规格：400cc

材质：绿泥

**筋囊西施壶**

规格：250cc

材质：紫砂泥

  紫砂壶作为礼品馈赠还可以进行定制，例如刻字，这样的礼品是独一无二的。壶的包装要整洁美观，这样才不会失礼。

  另外，除地域因素，还应考虑赠送对象的性别和年龄等因素。一般老年人喜欢稍大一点的紫砂壶，并且造型应是端庄雅致的。送师长可选择扁钟、井栏、石瓢一类壶；送女性可选择造型小巧、柔美，颜色美观、瑰丽的类型。

## 选好壶从五点入手

### 优美器形少不了

紫砂壶的造型无论是古典的还是现代的，都非常注重点、线、面的美感和使用过程中的舒适度。壶体要有气度，壶嘴、壶把、壶钮的搭配要协调。选购者应首先观察壶体的造型是否优雅美观，有无韵味，嘴、把过渡是否流畅，做工是否干净、利落，壶体结构是否搭配得当。

**海之情**

规格：260cc
材质：紫泥

比如，几何型中光货造型之美为"圆、稳、匀、正"，相同造型的光货宜兴壶，其外形轮廓曲线相差一点，整体效果就有可能差异很大。光货造型或丰满或清秀或粗犷或古拙，皆应在不规则中求稳重，稳重中又不可缺少灵气。

**仲芳壶**

规格：300cc

材质：紫泥

**花器**

规格：300cc

材质：紫泥

    自然型中花货是模拟自然界中的自然形态和利用生活中的素材而创制出的壶式。一把好的花货紫砂壶必须造型美、工艺佳、艺术构思巧、使用功能好、烧制效果优。古代花货中最著名的当属供春壶和鱼化龙。花货重精神，讲究提炼，富于变化，制壶者必须具有丰富的想象力和高超的审美水准，并且保证触感舒适。

一件做工上乘的筋纹紫砂壶，其筋纹应随着造型的变化而深浅自如，即筋囊线条纹理清晰，精工制作，口盖准缝，任意调换壶盖的方向合到口上，都很爽滑吻合。

当然，选择紫砂壶时也要兼顾其他方面，比如选择端把壶时，宜选用那些把握起来顺手、舒适的。出于使用安全考虑，有些壶把设计得非常人性化，在壶把上做了一些纹饰，既起到了装饰作用，又消除了壶把过分光滑而引起的不安全因素。

**祥龙**

规格：260cc
材质：紫泥

**葵仿古筋纹壶**

规格：280cc
材质：紫泥

## 自然泥色最美观

### 1. 看一看

分辨紫砂壶泥质好坏就像分辨衣服的材质一样，一个外行人进入服装店，若要一眼辨别出哪件衣服是纯棉的，哪件是混纺的，这很不容易，选壶也是一样。下面介绍一下如何通过眼睛观察来分辨泥料好坏。

**汉风石瓢**
规格：260cc
材质：紫泥

**六六大顺**

规格：280cc

材质：紫砂泥

"眼看"分两步，一是看经典壶式，二是市场选购时的观察。看经典壶式就是说在准备购买前，最好先看看博物馆、壶藏家的藏品，也可以看看各种壶式的图谱，从视觉上感受一下好泥料的质感，积累经验。紫砂壶的泥色虽然丰富，有紫、红、黄、青、绿、黑等，但它们的色泽和气质都是相似的。看得多了，这些经典宜兴壶就会在脑海里留下印记，心里也自然会多一分感觉。再到市场上选购时，通过观察其色泽、质感是否自然、合理，就能对眼前的宜兴壶的优劣有一个最初的判断。如果看到一把颜色红亮得如瓷器一般的紫砂壶，自然可以判断出这种泥料是有问题的，当然也就不会购买了。

## 2. 摸一摸

用宜兴优质的紫砂泥料制成的壶，虽然看起来表面很粗糙，摸上去却很光润；而外地泥料制成的壶则往往相反，看上去很细润，手感却不好。

一般劣质泥制的宜兴壶，常会用一些美化手法来掩饰其缺陷，包括抛光、打蜡、擦油等。要想辨别一款紫砂壶是否经过加工，可以用开水浇壶身，如果水珠迅速滑落、荡然无存，则基本可以断定此为劣质壶。有一个例外：江苏宜兴原紫砂一厂在20世纪80年代初生产过一种打蜡壶，不过这种壶在市场上已经十分罕见了。

**四大美女**
规格：850cc
材质：紫砂泥

**提香**
规格：150cc
材质：段泥

**四方抽角壶**
规格：400cc
材质：紫泥

### 3. 听一听

我们还可以通过听声音的方法辨别紫砂壶的优劣。具体做法是，将滚烫的开水迅速倒入壶中，耳朵挨近壶口，注意不要烫伤耳朵，这时如果能微微听到壶中发出"沙沙"的吸水声，壶的泥料通常是好的。当然，此举并非万无一失，不能说有声响的都是好泥制的，但是如果一点声音都没有（尤其是紫泥、黄泥宜兴壶），那壶的泥料有很大可能是有问题的（朱泥壶除外）。

4. 闻一闻

听完壶的吸水声响,迅速将开水倒掉,立即闻一闻壶内有无刺鼻的异味或者明显的土腥味。如果有,那证明此壶质量不佳,至少是用料不好。壶内出现异味的原因有很多,大体有用料不好、有化学添加物、窑火不足等。

此后,就是在使用、养护过程中发现和辨别。泥料好的紫砂壶在悉心养护后很快就能够发生变化,有的壶使用几次后就焕发出润泽柔和的光泽,壶表更加温润可爱。

**至尊壶**

规格:500cc

材质:红泥

十二生肖大书扁
规格：600cc
材质：拼配泥

## 听击壶声判断泥料的误区

一些商家在介绍紫砂壶时，常会敲击几下壶壁，让顾客倾听敲击发出的悦耳的金属声，引导顾客认为能发出清脆声音的壶就是好壶。

其实，这是一种误导。古人常用"白如玉、薄如纸、声如磬、明如镜"来形容名贵的瓷器，但一般优质泥料制成的紫砂壶都无法发出与瓷器相似的清脆声音。店家手里能被敲击得叮当作响的壶一般都是用伪劣的泥料制成的。为什么劣质紫砂壶会发出清脆的金属声响呢？原来有些壶所用的泥料不是紫砂，而是低档的瓷粉，施之以与紫砂相似的釉水，于是敲击时就会发出清脆的声响。

事实上，只有非常有经验的藏家和销售泥料的专业人士才能通过声音判断泥料的优劣。因此，刚入门的紫砂壶爱好者最好不要以声响判断紫砂壶泥料的好坏。

**饮水思源**

规格：450cc

材质：紫砂泥

**凤舞九天**

规格：750cc

材质：紫泥

**精致做工别忽略**

看壶的做工好不好,要看壶身比例的和谐度。首先看壶嘴、壶钮、壶把这三点是否在一条线上;其次平视紫砂壶的正面,看壶嘴和壶把胥出的角度是否相近,壶身是否圆润有致或方中带正。

**雄风提梁**

规格:850cc

材质:紫砂泥

另外，一把紫砂壶的口盖好坏，也是考验紫砂壶做工的一部分。壶之口盖，当然要以较严紧且能通转（可以转动）为好。轻轻旋动壶盖，如果在旋动壶盖的过程中没有阻滞，说明口盖做工还不错。由于紫砂壶本身的特性，口盖之间很难一点空隙也没有，但这些空隙必须要在正常范围内。我们所说的口盖密实程度是以倒水时是否溢出茶水为标准，稍微有一点水溢出是正常现象，但如果随着倒水的动作，茶水从口盖处大量溢出，则说明口盖密实度不太好，这就是做工不精良的表现。

**共鸣壶**

规格：200cc
材质：紫砂泥

**西施壶**

规格：250cc
材质：紫砂泥

## 过度追求做工精细值得商榷

　　人们在选购紫砂壶的时候，都想挑选做工精细的壶，为了满足消费者的需求，市场上出现了一些做工过分精致的壶。比如，为了制作出盖口严密的壶，一些制壶者采用二次烧成法。壶做好后，如果壶盖做得稍大，烧成后会进行打磨，打磨后为去除痕迹，制壶者会将制壶的泥调成泥浆，用毛笔一类的工具涂抹一番，再烧一次，这就是二次烧成法。通过二次烧成，口盖的确是严丝密缝了，但壶的透气性却大打折扣。这种为了追求表面做工而忽略紫砂壶泡茶效果的做法是不提倡的。

四季如意如意纹壶

规格：400cc

材质：紫泥

**实用效果不能忘**

以上三点都注意到之后,还要看壶好用与否,特别是出水口的问题,这一点是大部分人买壶时不容易注意到的。好壶出水刚劲有力,弧线流畅,水束圆润不打麻花。想要停止倒水时,壶持平即止,非常利落,不流口水,并且倾壶之后,壶内不留水。

**仿古壶**

规格:500cc
材质:紫砂泥

壶出水顺畅与否，与壶流安置位置有很大关系，壶流安装位置愈靠近壶底处，出水愈不顺畅，反之，壶流距壶盖近，出水则会痛快些。另外，制壶艺人在壶流内的工艺手段及打孔眼的方法，也会对出水产生影响。

**石瓢壶**

规格：350cc

材质：清水泥

**筋囊仿古壶**

规格：450cc
材质：紫砂泥

## 精神气韵很重要

真正的紫砂壶上品，除了上述优势外，更重要的是其散发出的独特的精神气韵，具体来说，包含形、神、气、态四个方面。形即形式美，指壶的外形美观优雅；神即神韵，能令观赏者从中感受到独特的精神美；气即气质，是指壶内涵和谐、色泽协调的本质美；态即形态，指壶的高、低、肥、瘦、刚、柔、方、圆等各种姿态。只有这四方面都达到美好的境界，才是一件真正上乘的佳品。有的紫砂壶尽管制作得挺精细，但少了几分气韵，这种美就显得很单薄，不算真正意义上的佳品。

一把紫砂壶不管其形制大小、高矮，壶嘴曲直，都应有趣味，有趣味才能令观赏者获得精神上的愉悦，百玩不厌。因此，观赏一件作品的时候，应该在领悟到美的本质以后再加以评点。只有用这样的审美态度，才能真正欣赏到紫砂壶的美，才能给出中肯的评价，从而引起紫砂壶艺界及广大爱好者的共鸣。

**六方石瓢壶**
规格：350cc
材质：老紫泥

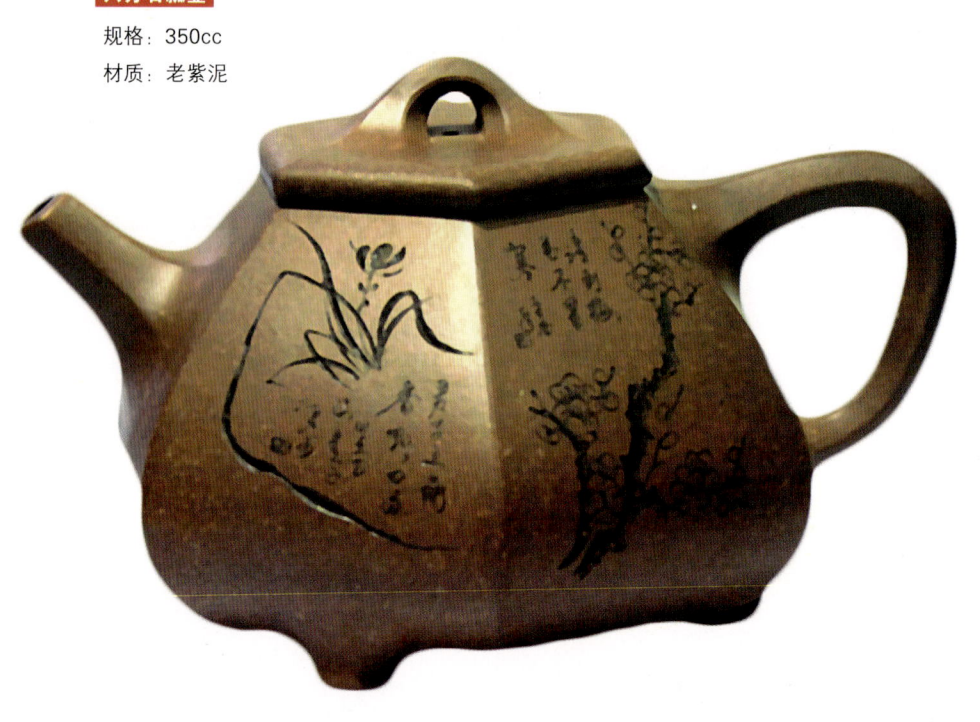

**步步高升**

规格：550cc

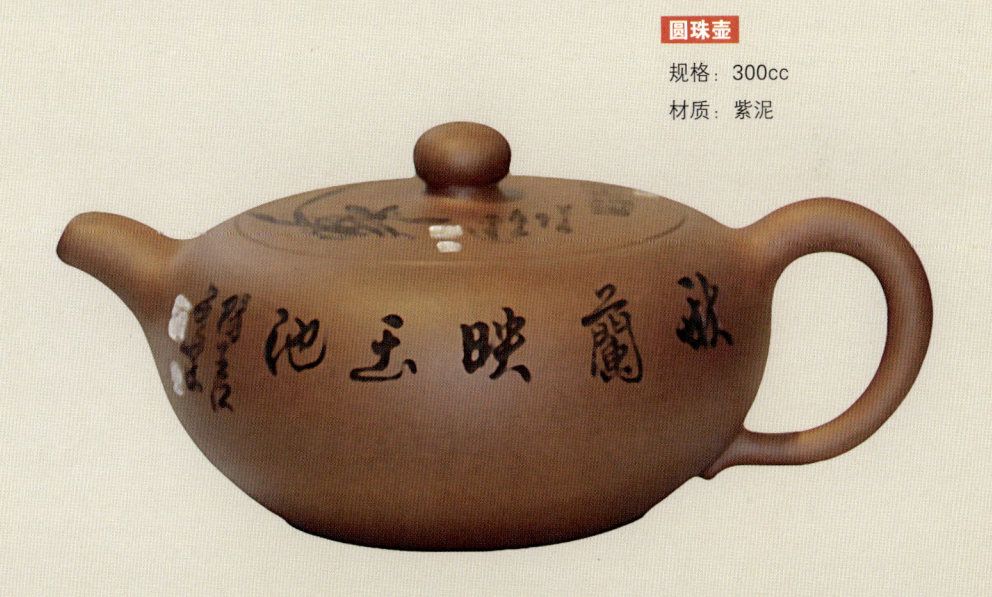

材质：紫砂泥

**圆珠壶**

规格：300cc

材质：紫泥

第六章 指点迷津——行家选壶技巧 | 175

**如意吉祥**

规格：300cc
材质：紫砂泥

（正）

**汉掇壶**

规格：400cc
材质：紫砂泥

（反）

**三色菩提壶**

规格：300cc

材质：拼配泥

**茄段壶**

规格：500cc

材质：紫砂泥

第六章 指点迷津——行家选壶技巧

**碗菱**

规格：480cc
材质：紫砂泥

**香玉壶**

规格：500cc
材质：紫砂泥

**四方桥顶壶**

规格：400cc

材质：紫砂泥

**神灯壶**

规格：300cc

材质：红泥

第六章　指点迷津——行家选壶技巧

## 砍价有门道

### 紫砂壶价格构成须知

1. 泥料成本

泥料成本是紫砂壶最基本的成本,对紫砂壶的价格有着重要影响。紫砂矿是不可再生资源,泥料的种类、纯度、掺和、添加都会对成本造成影响。

另外,相同的紫砂泥,在不同的时间、不同的地点开采也会有所不同,泥料拼配和炼制方法也有讲究。不同原材料、不同调配过程,使泥料的风格千差万别。自然质地与人文气息的共同作用,带给紫砂器具不同的功能效用,给人不同的感官享受。

岁寒三友壶
规格:300cc
材质:紫泥

**西施壶**

规格：220cc

材质：朱泥

近年来紫砂壶价格不断攀升，一些劣质的或掺有问题化工料的泥料大量出现，用于紫砂壶的制作。之所以出现这种现象，与泥料资源的日渐稀少不无关系，不少商户都以此为由抬高紫砂壶的价格。然而，实际上泥料在价格决定因素中所占的比例是比较小的。在名艺人壶的定价体系中，泥料所占的比例会更小。

2. 工艺

一把紫砂壶的价值，主要在于造型美感的精神内涵。构思、制作一把壶，除了需要制壶艺人付出辛苦的体力劳动，更需要他们贡献脑力劳动，只有具备深厚的文化底蕴、高超的美学修养、丰富的造型经验和独特的思维等综合能力和素养的制壶者才能制出令人惊叹的好壶。历史上的制壶大家，其成就主要体现在他们所创制的紫砂壶中蕴含的文化、思想和修养。同时，有了好的构思，还需要有娴熟的工艺将之付诸实施。

紫砂壶是手工艺品，制作紫砂壶所用的工时是评估紫砂壶成本的重要因素。工艺的娴熟与否决定着紫砂壶的价格，其所占的价格比例高于泥料因素。

**子冶石瓢壶**

规格：220cc
材质：本山绿泥

**蛋包提梁壶**

规格：240cc
材质：本山绿泥

**石瓢壶**

规格：400cc
材质：降坡泥

3. 工艺师体制

传统的紫砂壶靠手工制作，属于手工艺品，所以没有办法具体定价，即便是相同的泥料、相同的做工水平，甚至是相同概念题材的紫砂壶，不同的人制作，价格也会不同。

制作者的职称对紫砂壶的价格也有较大影响。紫砂壶工艺师有中国工艺美术大师、中国陶艺艺术大师、江苏省工艺美术名人、高级工艺美术师、工艺美术师、助理工艺美术师、技师、工艺美术员、陶艺艺人之分。

在计划经济时代，职称相当于对制壶者自身无形资产价值的评价。各级工艺师所赋予紫砂壶的附加价值是明显不同的。还有一些民间艺人，基于一些原因可能没能参加国家工艺职称评审，但他们的制作技艺却非常高超，他们会向认为可以一比的工艺师的职称级别看齐，以这些工艺师标定的作品价位出售自己的作品。

在紫砂壶的价格构成中，工艺师职称所占的比例最大，壶价越高，工艺师职称附加值因素所占比例越大。

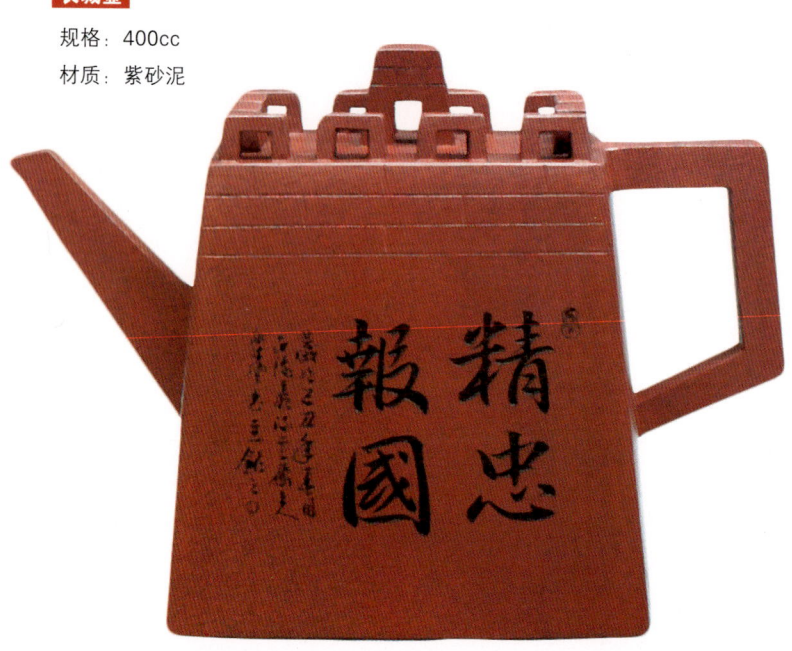

**长城壶**

规格：400cc
材质：紫砂泥

**至尊壶**

规格：350cc

材质：紫砂泥

### 4. 销售地点

销售地点不同，紫砂壶的价格也会不同。同样一款紫砂壶，在不同的地方售卖，价格相差几百元也是很常见的，在大城市的豪华商城销售与在批发市场销售，其价格差别会非常大。

## 请教、探讨是诀窍

了解了紫砂壶的价格构成,还需要平时多与优良商户、优秀制壶者和经验丰富的紫砂壶爱好者多交流、多请教、多了解,这样在购买紫砂壶时才能少上当。

通过与专业人士多沟通、请教,可以逐渐了解一些门道,比如:专程去宜兴买壶可能便宜,也可能更贵,因为宜兴有零售和批发市场,找到货源可能就会便宜;而有的壶艺家很在意保护代理商的利益,如果遇到这类工艺师的壶,那可能就会花费比别处更高的价格。

**东坡古桥**
规格:350cc
材质:紫砂泥

**高瞻远瞩**

规格：400cc

材质：紫砂泥

## 砍价的技巧

在学习了丰富的选购知识，修炼好文化和审美的内功后，就可以去购买紫砂壶了。当你发现心仪的紫砂壶时，不要着急买，要学会合理地砍价。下面来介绍一些砍价的技巧。

**渔翁钮壶**

规格：230cc
材质：紫砂泥

  首先，在不断的攀谈中，了解店里的常规折扣，同时了解店家的心理预期和销售欲望。其次，当价格接近自己的预期时，仔细查看壶的各个衔接部分和内部的情况，借以发现可以用来还价且不影响自己购买意愿的问题。再次，用开水冲洗茶壶检验质量，观察是否有漏水、流口水等现象，查看烫壶后壶身自干的速度及有无致命工艺缺陷等。接着根据前面的铺垫，报出比接受的价格略低的价位，并逐一说出问题所在。最后，正式开始砍价，注意一定不要将喜爱之情暴露在店主面前，要摆出可买可不买的姿态，这样反复砍价，以最适宜的价格买一把自己心仪的壶。

# 第七章
## 拨云见日——紫砂壶收藏知识

### 如何提高收藏能力

**多读书、多自学**

要想更好地收藏宜兴紫砂壶，首先需要对其有更深入的了解，通过阅读相关书籍来增长见识是非常不错的选择。阅读的过程就仿佛书籍的作者在给自己上课一般，通过阅读我们的人文视野会大大拓展，个人审美眼光也会得到提高，这样在面对琳琅满目的收藏品时，就有了方向。

**小品壶**
规格：180cc
材质：紫泥

## 多观赏、多交流

俗话说，读万卷书，行万里路，除了读书，我们还需要多去逛古玩店（摊），多去欣赏观看紫砂壶。

20世纪80年代，北京和各省市的古旧壶是很多的，现在北京潘家园、天津沈阳道（津门人称"鬼市"）和上海会稽街、福佑路等市场都经常能发现紫砂壶的身影。另外，一些博物馆也经常会展出各地品级较高的壶藏家的藏品。到这样的场所观摩，与专业人士交流、切磋都会获益良多。

**笑樱壶**
规格：500cc
材质：紫砂泥

小品壶

规格：180cc

材质：红泥

## 多比较、多请教

即使是同一个制壶大师制作的同一款式的壶，在不同时期也会有差异，因此要多看、多比较、多探讨。一般而言，制壶大师中年时期制作的壶可能技艺更纯熟，可达到巅峰，而老年时期制作的壶可能更老到，具有一种老成的美。因此，若想对宜兴壶和其价值体系有更多认知，必须抱有谦逊的态度，多向有关人士学习、探讨。

## 收藏时如何能不看走眼

收藏任何物品,最关键的是识货。在收藏界,收藏了假货,有专门的名词,叫"打眼"或"喝了凉水",收藏假货是最令藏者痛心疾首的事了。

**松鼠葡萄桩**
规格:450cc
材质:紫砂泥

**玉立壶**

规格：550cc
材质：紫砂泥

    20世纪70年代中期开始收藏的人很幸运。当时收藏还没有这么火爆，造假现象很少，即使造假，也多半是清末民初一些仿明、清名家的作品。而且当时的仿品质量也很高。如今，收藏越发火热，制假造假现象层出不穷，尤其是在古旧壶（老壶）上，很多人都栽过跟头。古旧壶，一般指明万历至清末民初的紫砂壶，接下来从以下几点谈谈古旧壶的收藏要点。

## 泥色

宜兴壶的原料紫砂泥矿其实是风化了的石头，明代采用的泥杂质一般较多。因浅矿层泥靠近山上植被，山中树林野草的根部等杂质会渗透到风化的泥料之中。因此，矿井越深所开采出来的泥料杂质越少。

经验丰富的古壶藏家或古董商，仅仅凭借泥之色泽就可以大致判断出壶的年代，因为差不多隔上几十年紫砂泥的颜色就会有明显的差异。这也与宜兴壶泥料的拼配有关，不同时期会有相对流行的拼配泥色。

**笑樱壶**
规格：220cc
材质：紫泥

逸寿壶

规格：300cc

材质：拼配泥

## 造 型

  紫砂壶的造型指的是壶形，愈古旧的宜兴壶愈古朴拙雅。明代万历年间，以时大彬为代表的名家所创设的造型都具有朴拙之气，且看起来很大气。此种造型对明末清初的壶式一直都有影响，至乾隆时期，朴拙气韵几近绝迹。

**天际**

规格：400cc
材质：红泥

清代乾隆之前，壶的造型虽比明代多了些，但影响力依然不能同日而语。乾隆皇帝本人非常喜好饮茶，因此对著名茶具紫砂壶的关注度也很高。皇帝的提倡大大促进了紫砂壶的发展。而到了嘉庆时期，曼生等设计了诸多款壶，使宜兴壶的造型变得异常丰富。

## 工艺

观察各个时代的紫砂壶不难发现，越是靠近现代，其工艺越显得精细，这跟工具的不断变革有很大关系。

拍围身筒是近五百年来传承有序的古法。但在壶身中部有一条鼓起的线，其位置在不同时代各有差异。有的在壶流对面；有的在壶流处；有的在壶流侧面；有的因做工过分精细，常"推墙刮底"，故而连壶内那围身筒的凸出线亦刮掉了。收藏者应多观摩、多比较，积累经验。

**金瓜**

规格：450cc
材质：紫泥

再来看孔眼，明清壶流一般是独孔，清中后期慢慢开始出现双孔、三孔、四孔等，到了清末民国初演变为多孔。就独孔来说，今日仿品的独孔与明清的独孔是不一样的，古壶收藏者应多去观察、琢磨，悟出不同时期独孔的明显差别。

**菱花线圆壶**

规格：450cc
材质：红泥

## 装饰手法

不同时期的紫砂壶，其装饰手法各具特色。从明代一直到清初，紫砂壶都较为素雅，不重装饰，最普遍的装饰就是前文提到过的桂花砂装饰法。至清代康熙年间，施用珐琅彩流行起来，日后又用景德镇彩釉。到了乾隆时期，硬彩、描金等装饰手法的使用变得越来越普遍。当时还有一种名为"炉钧釉"的装饰手法，数量稀少，价格曾炒得特别高。至嘉庆、道光时期，文人气质浓厚的曼生壶引起了人们的注意，堪称一绝的各式铭文受到了人们的高度赞扬。晚清时期的紫砂壶依然承续其余韵，但难以与曼生等铭文的诗意、禅意和哲意相提并论。另外，道光时期以冯彩霞为代表的泥绘装饰与前朝善画文人画的泥绘有所差异，是借用了近似明清以景德镇为主流的民窑青花的装饰手法，自然而简洁，别有一番情趣。

**铭文瓜棱形紫砂壶**
规格：550cc
材质：紫砂泥

**泥绘莲生贵子**
规格：400cc
材质：紫砂泥

蓝釉紫砂壶

## 窑火

窑火如同烹饪中使用的各式燃薪，紫砂壶收藏爱好者必须学会比较不同时代因使用不同的窑火而使壶的表面产生的迥然相异的色泽。如明代有壶上呈现的所谓"缸泪釉"。明清时期，宜兴都烧制过陶上施釉的器皿，最出名的是"宜钧"，其落款多为"葛明祥"。由于在同一龙窑中烧，不免"飞"了些釉水在壶上，故而形成"缸泪釉"。

## 款识

要想收藏紫砂壶，关于落款的知识一定要多了解、多学习。明代的落款一般是刻款，书中记载说多用竹刀刻。到了明末清初，刀刻款逐渐变成印章款。

宜兴壶款识造假的现象古已有之。大凡各时代大家的款，不仅同时代会有伪造，以后各时代都会沿袭，其中时大彬的款识常被造假。从印章也可大略看出壶的年代。古代印章精致而极富艺术性，如著名的曼生壶，不仅铭文好，其印章亦出类拔萃。曼生壶印章盖的位置也很独特，通常在壶底、壶盖内、把捎等处。大凡画家、书法家监制的壶，印章的质量都非常高。民国时期的印章质量有所下降，到现在，印章的制作水准更逊于民国初年的水平。

顾景舟落款　　　　　　徐悲鸿落款

**竹福**

规格：380cc
材质：紫砂泥

名家制壶不仅印章盖的位置考究，印章大小与壶的大小的比例也是和谐的，大壶用很小的印章，小壶用很大的印章这种不相宜的现象不会出现。

另外，还有一些古壶珍品乃至孤品是无款的。总之，对于紫砂壶款识的了解就是要多看，款识就如同书法作品一样，壶艺大家必有一定的个人风格，倘能掌握名家的风格，就很难上当受骗了。

## 审美情趣

在审美情趣和技法上，古人崇尚朴拙，这种气韵是现在的制壶者难以效仿的。一般人常把拙同笨相联系，名之"笨拙"，苏州亦有拙政园。带有朴拙韵味的紫砂壶之自然可爱，毫无矫情之处，越是赏玩越觉魅力无穷。

**祝愿**

规格：550cc
材质：紫砂泥

## 父子"大生"

　　紫砂壶史上的父子"大生"指的是范生大和范大生。

　　范生大，宜兴人，紫砂壶制壶名家，他所制作的四方隐角竹顶壶，做工十分精细，壶身还有陈少亭书刻"扫雪开松径，疏泉过竹林"。范大生，范生大之子，紫砂名家范鼎甫的徒弟。他所制作的紫砂壶风格浑厚，比如他的六瓣合菱壶，壶身上中下三组的如意菱花，菱纹交错，盖可转换匹配，技艺精巧，筋纹浑朴圆润。范生大与其子范大生同用一个印款"大生"，而且范大生的儿子也沿用"大生"印款。三代人均用大生印款数十年，故留下不少"大生"的作品。

**线圆**

规格：400cc

材质：紫砂泥

**寿桃壶**

规格：700cc

材质：紫泥

**玉乳壶**
规格：300cc
材质：紫泥

### 独具慧眼，轻松辨别真伪

古往今来，精致的紫砂名壶成为历史遗留下来的珍贵艺术品，受到国内外博物馆及收藏家的热烈追捧。明代的名家名壶，到清初就已经是珍品了，清初的名品到清末已十分稀少。由此可见，质量好的紫砂壶一直都供不应求，在这样的现实条件下，赝品自然就出现了。下面介绍一些常见的作伪方法，以使收藏者、爱好者免受赝品的困扰。

**桃情壶**

规格：500cc

材质：紫砂泥

## 涂抹鞋油和茶粉法

这种作伪方法技术性不高，比较好识破，大家可以通过看、摸、闻来识别。具体作伪方法是用棕色鞋油在壶外擦涂，将茶壶做旧，再用茶粉涂壶内，伪造出壶内有茶迹之感。

## 摹刻印章造假法

这是一种比较传统的作伪方法，也就是把真品上的印章加印在伪作上，具体步骤是先把真品上作者的印章款识拓印下来，再按拓片摹刻下来，加印在伪作上。这种作伪方法比较好鉴定，就是直接与真品的印款比较，赝品上的印款往往比真品上的小。

**铁树开花**

规格：450cc

材质：紫砂泥

## 茶汤浸透法

这种作伪方法水平较高，制作出的茶壶颇像旧货古董，鉴别时可采用闻味道的方法，因为这类赝品壶内会有一股淡淡的霉味。具体作伪方法是先用细砂纸打磨壶面，将烧制时形成的陶膜磨掉，为后续入色提供条件；然后，锅中装满水，再放入色重的茶叶，如普洱、铁观音等，把壶也放进去，煮两小时，让茶味沁入壶中，然后取出，自然冷却，用细布打磨光亮，最后再浸入茶水中，浸泡两周以上，使壶内外着上茶色。

**双子缘**

规格：450cc
材质：紫砂泥

## 残壶修补法

　　紫砂壶本身怕磕碰，随着时间的推移，难免受损伤，如壶嘴磕碰、壶盖磨损等，如果残破较大，就会对壶的收藏价值造成影响。

　　一些不法商人为了牟取暴利，把一些破损不大的壶进行修补，然后高价出售。因此在购买时，要特别留意壶体本身的易损部位，如果遇到一只完好无损的"老壶"一定要保持警惕。

**天鸡壶**

规格：420cc
材质：紫砂泥

**大金瓜**

规格：450cc
材质：紫砂泥

## 新壶做旧法

近年来，随着紫砂壶的热度不断攀升，新壶做旧的作伪伎俩层出不穷，为人们收藏紫砂壶带来了很多困惑。下面介绍一下新壶做旧的方法。

（1）烧一锅浓浓的红茶汤，将新壶放入，煮一段时间后取出，待干燥后再投入红茶汤中，这样反复煮烧几次，茶壶就会变得表面滞涩黯然，用以冒充老壶，欺骗购买者。这种做旧方法是从玉器、瓷器做旧的常用方法中学习来的。

（2）还有一种很常见的方法是将新壶埋在地下，使它在地下水和土质（酸性或碱性）的作用下，自然褪去新光。这种方法是从青铜器作假的方法中借鉴来的。

**岁寒三友**

规格：450cc
材质：紫砂泥

（3）在新壶上擦拭同色的皮鞋油，鞋油会吸附在紫砂壶表面，使壶看起来发旧。由于伪造者会将鞋油色泽调配得与壶色一致，因此单纯从外观上不易分辨。但由于这种作假方法会带有鞋油特有的味道，所以选购时要闻一下壶有没有异味。

（4）还有一种做旧方法是将浓茶汁、食油、酱油、醋、糖调在一起，涂抹在新壶表面，或者加温蒸煮，使壶胎吸入调和汁，褪去新光，形成旧壶的样子。这种方法较容易辨别，可用手触摸壶表面，如果感觉油腻，就很可能是这种做旧壶。

**富贵长寿**

规格：380cc
材质：紫砂泥

**竹段壶**

规格：350cc

材质：紫泥

### 高手仿制

如今，在传世的众多名家名作中，有很多仿制手法高超的赝品，辨别难度较大。随着科技的发展，有人将科技运用到造假中，能把款识做得天衣无缝，再加上由技巧高超的工艺师模仿制作，从外观造型上很难分辨。遇到这种情况需要从壶的精气神以及泥料方面入手鉴别，鉴别难度系数较大。

**祝福壶**
规格：280cc
材质：紫泥

　　除此之外，还有一种比较特殊的情况。一些制壶工艺大师技艺精湛，远近闻名，其作品深受世人追捧，因此订购者众多，应接不暇，于是会让徒弟或请同时代的制壶工艺大师代为制壶，最后大师署款。这种代制的紫砂壶虽然不属于后世的伪造壶，但毕竟不是本人所制，也应归于赝品之列，这一类鉴别较为困难。

　　另外要注意的一点是，在赝品中也不乏做工到位、造型不俗的作品，这种作品在价格合理的前提下也可以购买，毕竟它们身上也体现着一定的艺术价值。

**碗壶**
规格：400cc
材质：紫砂泥

## 第四部分 赏玩养护篇

紫砂壶

# 第八章
# 形色俱备——赏壶养壶乐趣多

## 鉴赏紫砂壶优劣的五字诀

鉴赏紫砂壶的优劣应掌握一定的要点，总结起来就是以下五个字：泥、形、工、款、功。前四字属艺术标准，后一字为功用标准，分述如下。

**高石瓢**
规格：400cc
材质：紫砂泥

**抽角四方石瓢**

规格：240cc

材质：紫砂泥

## 泥

前面我们提到过，紫砂壶深受世人喜爱，这与它的制作原材料紫砂泥密切相关。近代一些陶瓷专著在分析紫砂原料的时候，均提到其含有氧化铁的成分，其实全国各地很多泥料都含有氧化铁，但别处的泥料是无法和紫砂泥相提并论的，这说明问题的关键不在含有氧化铁，紫砂泥的优秀在于紫砂的"砂"。根据相关研究，紫砂泥的颗粒结构的确和其他泥有所不同，就是同样的紫砂泥，其结构也不尽相同，有着细微的差别。这样，由于原材料不同，所制产品的功能效用及给人的感受也就不尽相同。功能效用好的则质优，不然则质劣；功能感受好的则质优，反之则质劣。所以鉴赏一把紫砂壶的优劣，首先应看泥。

## 形

　　紫砂壶的外形种类之多，是存世的其他类器皿所不能媲美的，因此，人们赞誉其为"方非一式，圆不一相"。对紫砂壶各种造型的评价不能一概而论，可以说是仁者见仁，智者见智。艺术的社会功能即满足人们的心理需要，不同的人自然有不同的心理需要：心胸开阔之人喜爱大方简洁的，清秀之人喜爱精巧秀气的，传统之人喜爱古拙的，喜玩之人喜爱富有趣味的，人各有爱，不能强求。不过，由于紫砂壶的原料本身带有朴实的气质，紫砂壶又是茶文化的组成部分，而中国茶道所追求的意境是"淡泊平和，超世脱俗"，因此紫砂壶的外形以古拙为最佳，只有古拙的造型与这种气氛最为融洽。这个道理许多制壶艺人都明白，于是他们一味模仿古拙，结果反而是东施效颦，把艺师本身的特点和思想丢掉了。须知，艺术品乃是作者心境之表露，修养之结果，必须有自己的心得在里面，不是单纯靠模仿就能制作出好作品的。

**六方虚扁壶**
规格：320cc
材质：底槽清

**紫玉**
规格：550cc
材质：紫砂泥

**高四方**

规格：420cc

材质：紫砂泥

## 工

中国艺术有很多相通之处，例如京剧的舞蹈动作与国画的大写意都带有豪放的气派；京剧唱段与国画中的工笔则属于严谨之列。而紫砂壶的制作技法与京剧唱段、国画工笔技法有着异曲同工之妙，需要时刻保持严谨。

紫砂壶形体的基本元素是点、线、面，在紫砂壶成型过程中，每个方面都要注意到，犹如工笔绘画一样，起笔落笔，转变曲折，抑扬顿挫，都是有章法的。面，须光则光，须毛则毛；线，须直则直，须曲则曲；点，须方则方，须圆则圆，都需要妥当处理好，这样制出的壶才算工艺精湛。

**瓜形壶**

规格：450cc

材质：紫砂泥

第八章　形色俱备——赏壶养壶乐趣多

## 款

　　款即壶的款识。鉴赏紫砂壶的款识通常指两方面：一方面是鉴别壶的作者是谁，或题词镌铭的作者是谁；另一方面是欣赏题词的内容、镌刻的书画，还有印款。

　　紫砂壶的装饰艺术是中国传统艺术的一部分，中国传统艺术中的诗、书、画、印都蕴含其中。所以，鉴赏一把紫砂壶除了泥色、造型、工艺以外，还需要注意文学、书法、绘画、金石等诸多方面，这些能给赏壶人带来更多精神上的享受。

**祝寿壶**
规格：320cc
材质：紫泥

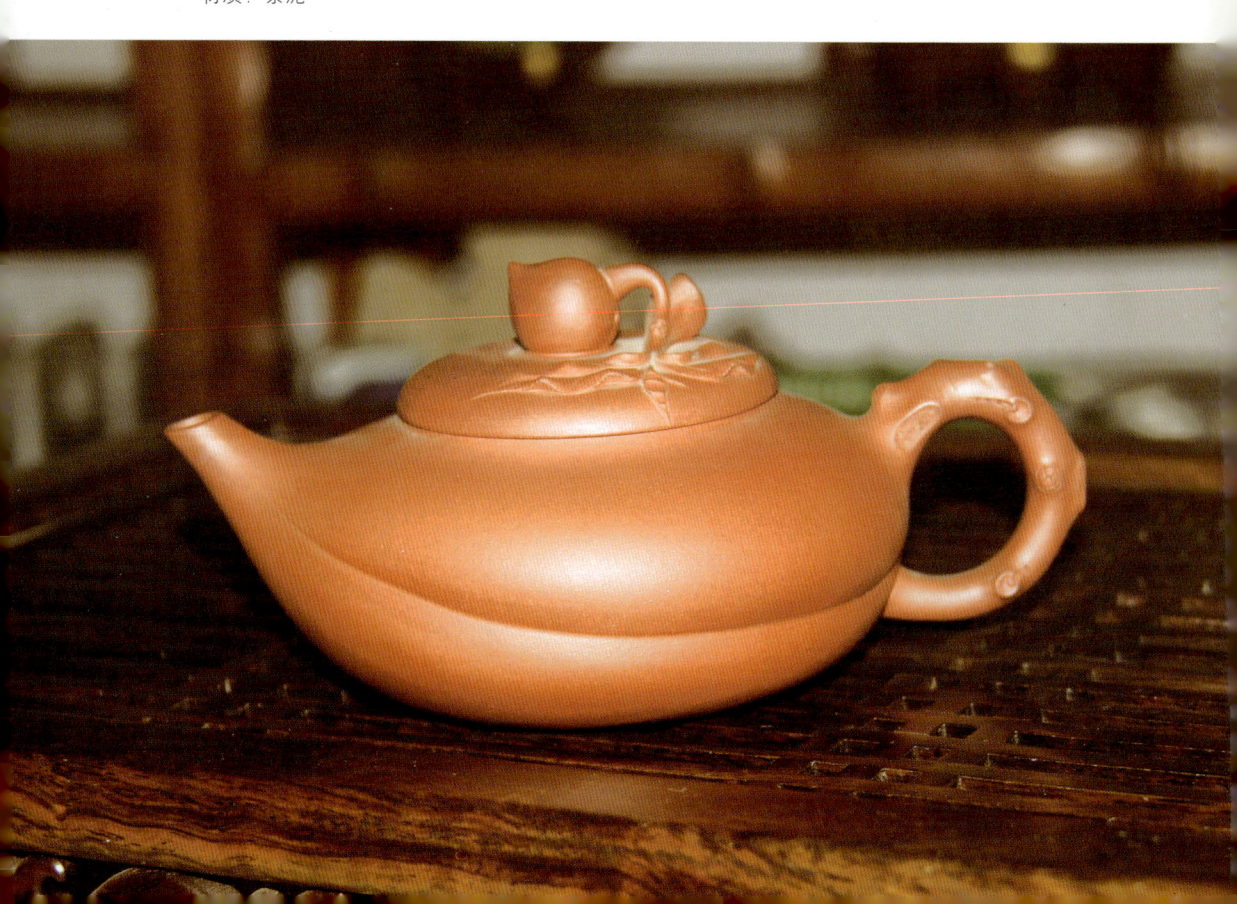

中国的茶具有很多种，对于泡茶饮茶来说，各有各的特色，茶具的选择，除了个人喜好之外，更应该考虑到所泡之茶和所用之茶具的合理、科学的搭配。

紫砂茶具，尤其是紫砂茶壶自问世以来，便受到了世人的追捧，被认为是最理想的茶具。前面提到过，紫砂壶优点众多，那么是不是所有的茶叶，或者所有的冲泡茶叶的方法都适用于紫砂壶呢？这种观点是错误的。一把壶实用性再好，如果使用不当，也无法泡出真正的好茶，而要想泡出好茶，需要先了解茶的茶性，只有根据茶性来选择适宜的茶壶，才能使茶壶和茶叶发挥最大的价值，产生"一加一大于二"的最佳效果。通常来说，只有发酵或者半发酵的茶叶品种才适合用茶壶来冲泡，比如各种黑茶、红茶等，而像绿茶、白茶、黄茶、花茶等茶尖细嫩的茶，用茶壶闷泡反而会导致茶叶烂熟，失去原有的真香。所以，紫砂壶尽管是茶具中的珍品，但绝不是万能的，用紫砂壶泡茶一定要选用适合的茶叶品种。

**玉碗壶**
规格：500cc
材质：紫砂泥

一帆风顺

规格：350cc

材质：紫泥

## 以壶适茶，因茶选壶

紫砂壶与中国的茶密切相关，茶是中国人对世界文明的一大贡献。中国茶的种类极其丰富，按颜色分大体上可以分为绿茶、红茶、乌龙茶（青茶）、白茶、黄茶、黑茶六类。在宋元以前，人们的饮茶方式和今天有很大区别，现在我们常用的"泡饮法"是宋元时期兴起的，从明代以后才普及开来，沿袭至今。在宋代以前，壶是用来烧水和作为酒具使用的，"泡饮法"出现以后，茶壶的概念才相伴而生。"泡饮法"的出现，为制壶业的迅速发展提供了条件。而最受人们青睐的紫砂壶的出现和发展，则更可以说完全是得益于中国人饮茶形式的改变。

**合欢**

规格：450cc
材质：绿泥

## 功

所谓功是指壶的功能美。近年来，紫砂壶衍生出不少新品，如璀璨明星，令人眼花缭乱。制壶人在重视紫砂壶造型的形式美的同时，往往会忽视其功能美。尤其是有些制壶人可能对饮茶习惯了解得不多，这也直接影响了紫砂壶功能的发挥，出现了一些中看不中用的紫砂壶。

其实，紫砂壶与别的艺术品最大的区别就在于它具有很强的实用性，它的"艺"要在"用"中品，如果不能用、不好用，那"艺"也会失去了价值。所以，千万不能忽视壶的功能美。

**高六方**

规格：450cc
材质：紫泥

**二节竹段壶**

规格：400cc
材质：紫泥

**情深得意**
规格：400cc
材质：紫泥

在前面的章节中介绍了紫砂泥料的种类，泥料不同，烧制出来的紫砂壶自然也不同，而也正是因为紫砂壶在品质上的差异，使之泡出的茶味也不尽相同。紫砂泥料的成分决定了紫砂壶的壶质，一般来讲，泥质较重的紫砂壶壶质细密，而富含砂质的泥料制成的壶则密度较低。密度高的壶，泡出的茶香味比较清扬，适用于冲泡红茶和普洱茶中的生饼等；密度低的壶，泡出的茶香味比较低沉，适宜冲泡工夫茶和绝大多数黑茶，比如普洱茶中的熟饼。

紫砂壶的特点决定了它更适合冲泡工夫茶、黑茶、红茶类的茶叶，不过，具体到某一种茶叶又对茶壶的形制各有不同的要求。

　　冲泡乌龙茶通常需要较高的水温，一般用 100℃的开水为宜，因此最好选用形制较小的紫砂壶来冲泡，高身筒的紫砂壶一定不能使用，这会将茶叶泡得烂熟，从而失去茶的真香。选择形制小的壶还有经济上的考虑。好的工夫茶价格不断飙升，例如，前些年福建武夷山一斤极品大红袍在拍卖会上就创下了 29 万元的天价，如果用名贵的大壶冲泡这样昂贵的茶，对一般家庭而言，经济上可能会难以承受。所以，一般泡饮工夫茶时都选用珠型的紫砂壶，最好是水平壶，茶壶的容量控制在 300CC 以下为好。

**润玉壶**

规格：450cc
材质：紫砂泥

**高石瓢壶**

规格：320cc

材质：紫砂泥

**掇球壶**

规格：400cc

材质：紫砂泥

　　黑茶醇厚，尤其普洱茶中的熟饼更具有这样的特质，故不宜冲泡过浓，因此适宜选用高身的紫砂茶壶，容量最好在 600cc 以上。

　　红茶对于茶壶的形制没有什么特别要求，基本各类茶壶都可以用，只要注意容量就可以了，一般选用 400～600cc 容量的茶壶为佳。

　　有些人喝绿茶和花茶时也用壶泡，其实最好不要这么做，但习惯使然，因人而异，也不能一概而论。如果使用者习惯使用紫砂壶冲泡绿茶、花茶或者其他质嫩的茶种，那要注意，细嫩的高档绿茶不能使用紫砂壶冲泡，不然会造成浪费。壶泡时应掌握适宜的泡茶水温，一般应控制在 80℃左右为宜，尽量采用形制较大的壶，最好容量在 600cc 以上。

中国人饮茶注重赏、闻、品，三者缺一不可，而其中的赏指的是观赏茶叶的外形和茶汤的色泽，这一步骤的视觉享受与泡茶时所选用的茶具密切相关。紫砂壶的颜色往往都较深，所以饮茶时用的品茗杯最好选用浅色瓷质的，这样才能清晰地欣赏到茶汤的美色。如果你是一个注重欣赏茶汤本色的爱茶者，在选用茶壶时就更不能忽略壶色和茶汤的匹配。工夫茶，尤其是台湾品系的茶种，茶汤清澈，色泽鲜嫩，用浅色系的壶冲泡更相得益彰，如段泥、红泥的砂壶；而黑茶、铁观音和大红袍之类的茶颜色浓重，适合用颜色略厚重的壶冲泡，如紫泥、拼配泥等材质的紫砂壶。

**寿桃壶**

规格：500cc
材质：紫砂泥

**渊源壶**
规格：350cc
材质：紫砂泥

**三足鼎立**
规格：400cc
材质：紫砂泥

前面谈过了紫砂壶的形制、材质对泡茶的影响，还有一点却常常被人们忽略，那就是紫砂壶的外形。不同的壶型也会对泡茶效果产生很大的影响。壶口宽敞的茶壶，容易散热，适于冲泡那些品质较嫩的茶种，诸如水仙、佛手、白毫乌龙，以及质量普通的绿茶、花茶等；而那些壶口相对小一些的紫砂壶最好用来冲泡需要高温冲泡的茶种，比如常见的乌龙茶、红茶和黑茶。

用紫砂壶泡茶后，壶身内外免不了会形成茶垢，尤其是花货类的茶壶，由于表面花活多，易积存茶垢，时间长了，壶面会变得污秽，不再光亮，影响美观。因此，要常清洗紫砂壶，保持清洁，这样养出来的壶会有金石般的光泽，令人爱不释手。

## 紫砂壶的容量

　　紫砂壶的大小一般是根据其容量判别的。200cc 以下的壶是小品壶，中品一般指 200~400cc，400cc 以上的就属于大品了。按目前大多数饮茶者的习惯，容量在 200~350cc 的茶壶是比较适宜的，其容量大约为四杯，一手能抓起，一手能把玩，故被称为一手壶。

**四方石瓢**
规格：400cc
材质：紫泥

## 边用边养效果佳

许多刚开始收藏紫砂壶的人,看到那些资深收藏家的紫砂藏品,往往会产生这样的疑问:同样是收藏紫砂壶,为什么人家的通体光亮,温润敦厚,而自己手上的却越来越干枯晦暗,灰头土脸?甚至怀疑自己买到了假货或者次品。其实,这往往是因为这些初学者缺乏保养的知识。

紫砂壶烧成后,由于胎骨火气重,紫砂间微孔结构松,壶性很脆,再加上加工和烧制过程中会沾染尘灰和烟垢,因此显得不那么莹润有光泽,只有通过不断地"养"才能令紫砂壶显现出典雅高贵、光彩照人的一面。下面来介绍一下紫砂壶的养护方法。

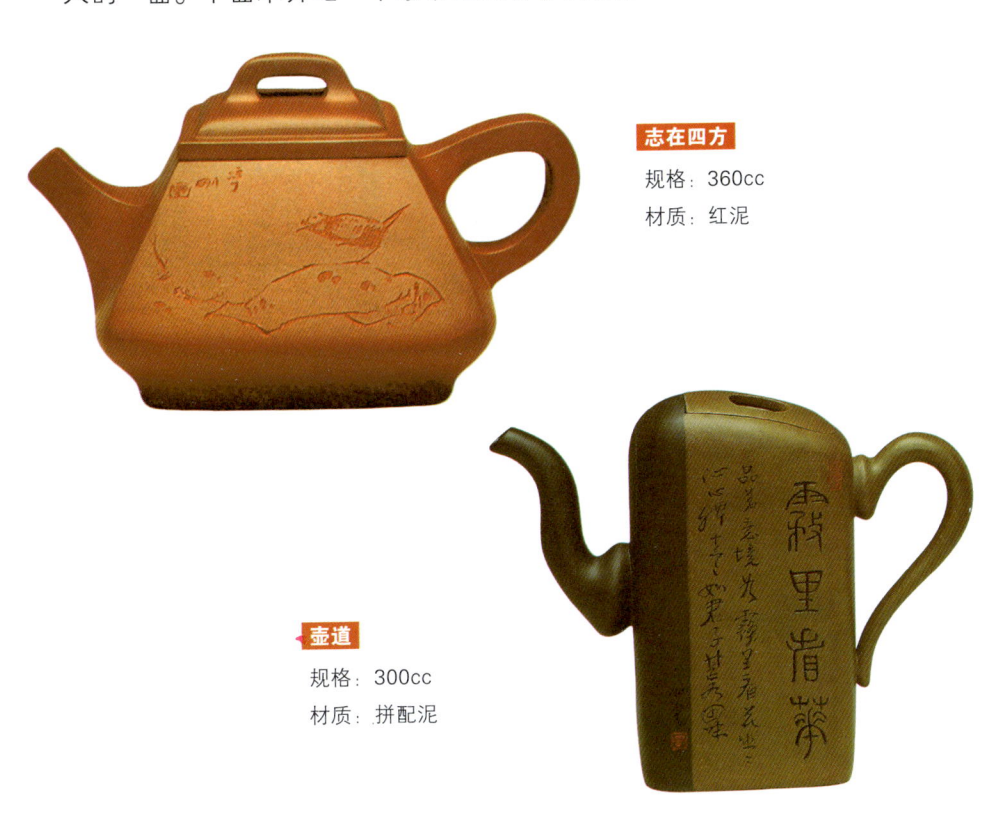

**志在四方**
规格:360cc
材质:红泥

**壶道**
规格:300cc
材质:拼配泥

首先，将新买回来的紫砂壶用细砂纸内外细细打磨一遍，这是为了去除紫砂壶成型和烧制时残留的渣屑、尘垢等。然后用清水将壶内外仔细清洗一遍，接着放入干净无异味的锅中，加入茶叶和水，将茶壶完全浸泡起来，待锅中的水煮沸之后，改小火继续煮两个小时左右，而后待锅中的壶和水自然冷却至常温，再次将水煮沸。重复前面的过程，如此反复三四次，将茶壶捞出，令其自然冷却，再用清水冲洗一遍，晾干。这之后就可以正式泡茶了。

　　在茶水中煮过几次的紫砂壶虽然可以用来泡茶了，但并不代表养护就结束了，实际上这只是开始，紫砂壶的泡养是一个漫长的过程，而这一过程是和泡茶饮茶相依相伴的。

**玉笠**

规格：550cc
材质：紫砂泥

**一粒珠提梁壶**

规格：450cc

材质：红泥

日常泡茶时，当把开水注入紫砂壶后，壶体表面温度升高，此时用沸水浇壶身外壁，再用湿毛巾或者专用的茶巾擦拭茶壶，多重复几次，壶温稍降后，可用手不断摩挲，利用手掌上的体油滋养壶体。如果每日用紫砂壶冲泡两次茶，大约三个月，吸收了茶汁和体油的紫砂壶便会显露出淡淡的光泽，这就是业内常说的包浆。如果收藏者每日使用茶壶的次数较多，那效果会更好，包浆会越来越厚，越来越富有光泽。紫砂壶上的包浆一旦形成，一般很难消退，因此一把壶养出了包浆，就算是初战告捷了。

**威震四方**

规格：320cc
材质：紫砂泥

　　紫砂壶的泡养深受泡茶时选用的茶叶和沏茶的水影响。工夫茶是非常不错的选择，因为工夫茶属于半发酵茶，它既有绿茶的温和又有红茶的醇厚，养出来的壶温润柔和。沏茶的水以山泉水或矿泉水为佳，这种水含有充足的矿物质，在养壶过程中，更容易在壶面形成包浆，养出的壶通体莹润亮泽。

每次冲泡过后，紫砂壶中的茶叶残渣不必急着倒出来，应继续留于壶中，让茶壶继续吸收茶叶的精华和水分，这样更有利于保养，但是，茶叶不能滞留壶中太长时间，一般以两天为限，如果时间太长了，壶中的茶叶会发霉变质，这样反而会污染紫砂壶。

每次使用紫砂壶后，一定要将茶壶清洗擦拭干净，放在空气流通的地方。千万不能沾染油污等秽物，它们会玷污壶表的"色浆"，还会使茶壶染上异味，无法泡茶使用。

紫砂壶的泡养不能一蹴而就，需要天长日久地养护，需要耐心和细心。

**匏尊壶**

规格：350cc
材质：紫砂泥

**中华魂**

规格：700cc

材质：紫泥

　　有人说紫砂壶是有灵性的，可以和主人沟通交流，这话听上去似乎玄了点，但仔细想想也是有道理的。珍贵的紫砂壶如果一直束之高阁就会失去它应有的价值，经常使用把玩才能不断焕发光彩。明人周高起曾说："壶经用久，涤拭日加，自发黯然之光，入手可鉴。"不泡茶的时候，也要将紫砂壶拿在手里多摩挲把玩，让光润温和的壶体与你的肌肤亲密接触，观赏紫砂壶的造型之美，感叹制壶艺人们精湛的工艺，欣赏壶上的铭刻书画，既获得了精神上的享受，手掌间的体油又在无形中养护了紫砂壶，让你的爱壶越来越动人可心。

## 一壶泡一茶

由于紫砂泥具有特殊的双气孔结构,能够很好地吸收茶汤茶味,因此,一把长期使用的紫砂壶,即使在不加茶叶的情况下,仅仅冲进沸水,也能"泡"出茶的香味来。所以,一把壶最好只冲泡一种茶叶,只有这样,冲泡出的茶汤才能保持味道的纯粹。如果今天泡红茶,明天泡普洱,那么它们就会相互串味,失去了茶香的本真,大大降低了紫砂壶的泡茶功能。

**东坡雅士提梁**

规格:360cc
材质:紫泥

**井栏壶**

规格：500cc
材质：紫砂泥